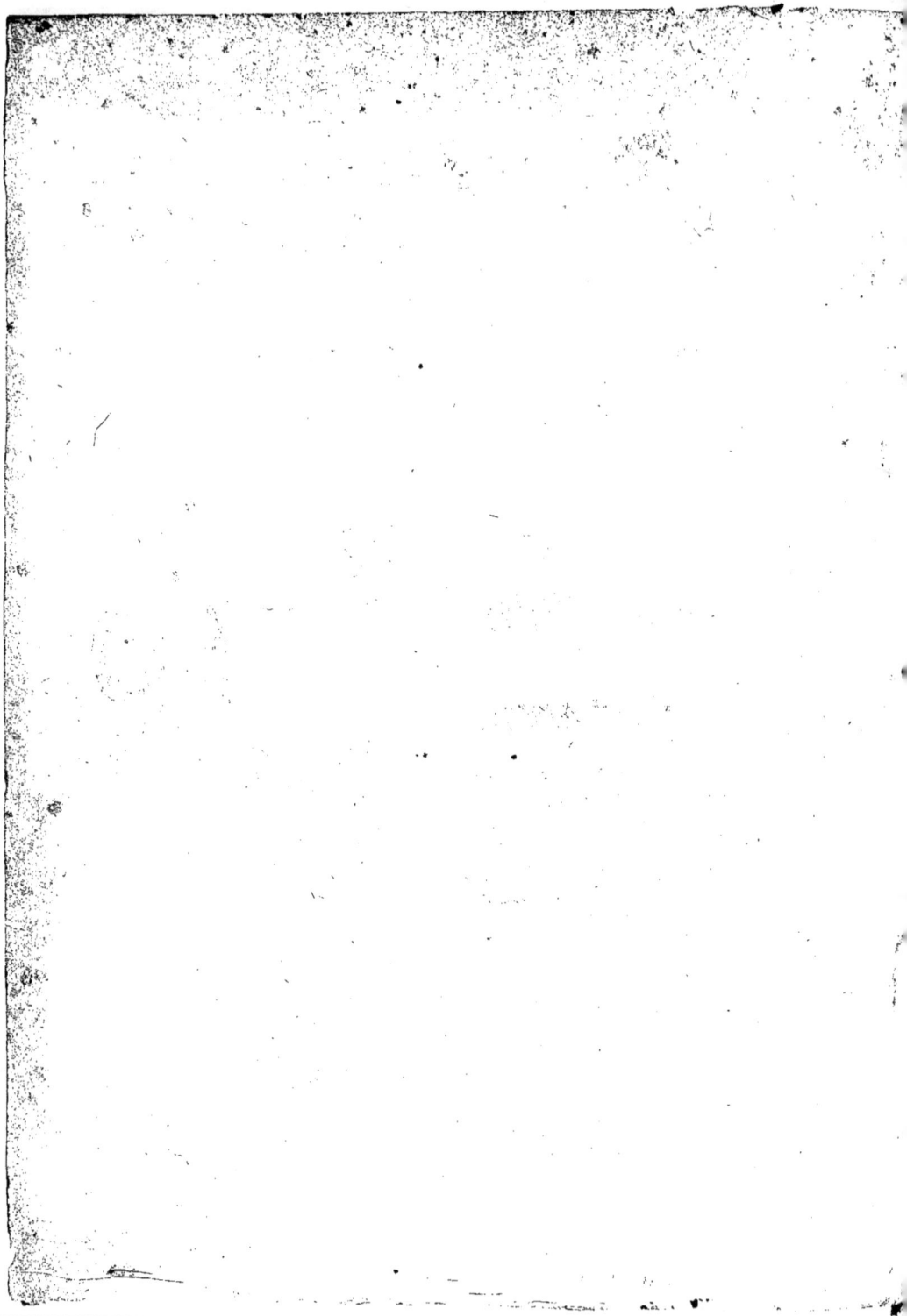

DIRECTOIRE
DV CHANT
GREGORIEN.

Par I. MILLET, Chanoine
Sur-chantre, en l'Infigne Eglife
Metropolitaine de Befançon.

*Ouvrage extrémement vtile à tous ceux qui font
obligez au Chœur.*

A LYON,

Chez IEAN GREGOIRE, ruë
Merciere, à la Renommée.

M. DC. LXVI.
AVEC PRIVILEGE DV ROY.

A MONSEIGNEVR,

MONSEIGNEVR

L'Illuſtriſſime & Reverendiſſime,

ANTOINE PIERRE

DE

GRAMMONT,

Archeveſque de Beſançon, Prince
du ſaint Empire, &c.

ONSEIGNEVR,

*Le ſoin de maintenir le culte exterieur
que l'on doit rendre à Dieu dans les Egliſes par le Chant,
& par la Pſalmodie, eſtant vne des principales qualités
d'vn bon Prelat: Voſtre Grandeur fait aſſez voir qu'elle
ne poſſede pas moins celle-là que les autres, & qu'elle a
fort à cœur ce diuin exercice, puiſqu'on l'enſeigne par ſes or-
dres auec tant d'exactitude au Seminaire, qu'elle a ſi ſain-
tement eſtably en cette Cité, auquel elle a donné de ſi heu-
reux commencements, & qu'elle fortifie par ſon exemple,*

ã 2

jufques à faire juger, qu'elle feroit peu fatisfaite, d'avoir
fi bien ordonné toutes chofes, fi elle mefme ne les pratiquoit
toutes. Ce qui a paru évidemment, MONSEIGNEVR
il y a peu de iours, lors que V. G. ayant invité charitable-
ment vne bonne partie des Curez de fon Diocefe, à venir
faire en ce faint lieu, les exercices les plus propres à les re-
nouueller dans leur devoir, & dans l'efprit de leur vo-
cation : elle voulut s'y joindre familierement, s'abaiffer, &
s'affujettir tres-ponctuellement aux moindres chofes, &
comme le moindre de tous. Mais pour ne pas m'engager
plus avant dans la confideration d'vne vertu fi peu commune, foûs pretexte d'y rencontrer dequoy juftifier mon
entreprife : n'eft-ce pas affez, MONSEIGNEVR,
que ie me reprefente le zele que V. G. a pour le Chant des
Offices divins, & le deffein qu'elle a formé de le remettre
en fa perfection par tout fon Diocefe, pour me refoudre à
luy prefenter vn Ouvrage, qui peut, à mon avis, faciliter
beaucoup les moyens de l'executer. Du moins j'auray fujet
d'en efperer cét avantage, s'il a l'honneur de fe produire
foûs le Nom de V. G. recevant en cela vne approbation qui
vaut plus que toutes les autres, & qui m'obligera à chercher de noueaux moyens, de tefmoigner par mes feruices,
les fentimens d'eftime, & de refpect que i'ay pour fes def-
feins, & le defir de meriter l'honneur d'eftre avoüé,

MONSEIGNEVR,

De V.G.

Le tres-humble & tres-obeïffant
feruiteur.

MILLET.

AVANT-PROPOS.

E Poëte Pherecrate qui fit paroiftre autrefois la Mufique efchevelée, battuë & mefprisée par certains Mixolydiens, pour fe plaindre à la Iuftice divine d'vn fi barbare traitement, auroit bien plus de raifon aujourd'huy, s'il retournoit au monde, de la produire en cét eftat, & les plaintes qu'elle feroit, feroient à mon advis, beaucoup plus iuftes; puifque fes principaux ornemens qui font la Pfalmodie, & le Chant de l'Eglife, font defchirés par ceux-mefmes qui en devroient avoir le plus de foin. Ie fçay bien que le temps qui n'a point de refpect pour les chofes les plus auguftes, & qui fouvent opere autant fur les efprits que fur les corps, aura pû alterer la fainte difpofition que les Preftres avoient autrefois pour le Chant du divin Office : mais auffi ce feroit vn abus de vouloir excufer cette alteration par la longueur du temps, puifqu'vne chofe fi faintement inftituée, & pour vne fin fi excellente, eftant renduë par fon ancienneté plus digne de veneration, exige par cela mefme d'autant plus de foins de ceux qui doivent l'obferver. M'arreftant donc fur la confideration de cette verité, & me perfuadant d'ailleurs, que la negligence du Chant, & la plufpart des fautes qui fe commettent dans le Chœur viennent fouvent de certaine ignorance, caufée par la difficulté que l'on rencontre à bien apprendre ce que l'on doit fçavoir. I'ay creu par cét Ouvrage, faire vne chofe vtile à ceux, qui fuivant leur condition doivent chanter au Chœur, & convenable au rang que dés long-temps ie tiens dans vne Eglife qui receut des premieres, le Chant Gregorien par le moyen de S. Protade, qui peu d'années aprés la mort de S. Gregoire, qui en avoit efté le digne autheur, fut Archevefque de Befançon, où il a laifé par efcrit plufieurs belles Ordonnances, que l'on a confervées iufques à prefent, & obfervées invariablement en l'Office divin. Il eft bien vray qu'auparavant on obfervoit déja quelque ordre dans le Chant, & que fans s'arrefter à S. Damafe, qui ordonna environ l'an 370. la

ã 3

Pfalmodie de Chœur à Chœur, & à la fin de châque Pfeaume le verfet *Gloria Patri* : prenant la chofe de plus haut, on trouvera que cette façon de chanter alternativement, a efté enfeignée par l'Efcriture fainte à l'imitation des Seraphins, dont Ifaïe parle en ces termes, *clamabant alter ad alterum Sanctus, Sanctus. &c.* ce qui femble fe rapporter à ce qu'en dit S. Ignace, Euefque d'Antioche, qui eftant fur vne montagne, oüyt les Anges qui chantoient des Pfeaumes, & des Antiennes, à l'exemple defquels il ordonna le Chant alternatif à fon Clergé. Mais dautant que pour s'acquiter dignement d'vne chofe fi fainte, il ne fuffit pas de chanter alter- nativement; & que d'ailleurs la foibleffe des hommes ne leur per- met pas d'obferver l'harmonie, & les tons que les Anges ont apris immediatement de Dieu, pour réjoüyr l'Eglife triomphante : Il a efté expedient qu'vn homme vrayement animé de l'Efprit de ce mefme Dieu, les ajuftât à la capacité de ceux qui s'en devoient fervir pour l'honorer en fon Eglife militante : Et c'eft dequoy S. Gregoire le Grand s'acquitta fi parfaitement, que cét augufte Chant qui en porte le nom, aprés avoir fervy déja plus de mille ans, merite d'eftre maintenu inviolablement, jufques à la fin des fiecles. Or comme ie fouhaitte que mon travail puiffe contribuer quelque chofe à vn fi grand bien, auffi me perfuade-je que les Pre- ftres pour qui i'ay trauaillé, pourront contribuer à l'accompliffe- ment de mon fouhait, fpecialement s'ils confiderent que le Chant de l'Eglife eft vne chofe fi agreable à Dieu, qu'il a fait for- tir des tombeaux les voix des morts, pour correfpondre à celles des vivans, felon qu'il arriva en la ville de Bourdeaux, environ le fixiefme fiecle : S. Gregoire Evefque de Tours nous affeurant que deux bons Preftres qui s'eftoient addonnés durant leur vie a chanter l'Office divin avec beaucoup de zele, pfalmodioient aprés leur mort dés leurs fepulchres, avec leurs Confreres furui- vans, toutes les fois qu'ils s'affembloient en leur Eglife, pour s'ac- quitter de ce devoir; mais avec des voix fi claires, fi intelligibles, & fi melodieufes, que tous ceux qui les entendoient en demeu- roient ravis. Et fi c'eftoit trop peu que Dieu eût fait ainfi chanter les morts pour preuver qu'il agrée beaucoup le culte qu'on luy rend dans les Eglifes par le Chant : j'adjouterois qu'on a oüy di- verfes fois les Anges chanter en la noftre, répondant fort diftin- étement aux Verfets entonnés par nos Enfans de Chœur, & avec tant de melodie, que deflors par refpect, & pour conferver à ja-

mais;

mais le souvenir d'vne faveur si grande, on ne respond plus rien à ces mesmes Versets, comme si l'on laissoit aux Anges la charge de faire toûjours ce qu'ils firent autrefois. Mais pour ne pas chercher en d'autres choses si extraordinaires dequoy s'exciter au respect, & à l'affection pour le Chant de l'Eglise, suffit-il pas de revoir de plus prés l'exemple de tant de bons Prestres, de tant de saint Prelats, & de pieux Monarques, qui s'y sont addonnés si dignement? S. Estienne de Grammont qui vivoit environ l'an 1126 & dont l'Eglise fait la Feste le 4. Fevrier, s'en acquittoit toûjours la teste baissée contre terre, & à genoux : S. Augustin s'y baignoit dans ses larmes, & en reconnoissoit les avantages merveilleux, comme il l'avouë au 10. livre de ses Confessions, *Cum reminiscor lacrymas meas, quas fudi ad cantus Ecclesiæ tuæ, in primordiis recuperatæ fidei meæ, magnam huius instituti utilitatem agnosco.* Theodose le jeune, & Charlemagne n'ont iamais creu avoir de contentemens plus parfaits, que lors qu'ils psalmodioient & chantoient des Hymnes avec les Ecclesiastiques : On a veu Henry II. Roy de France, quitter son siege durant la Messe, pour aller au pulpitre chanter avec les Chantres ; & Ferdinand II. Empereur, s'addonna tellement à cét exercice divin, qu'on a chanté diverses fois en sa Chapelle des Pseaumes que luy mesme avoit mis en Musique, imitant en cela le Prophete Royal, qui aprés avoir composé cét excellent Pseautier, qui fait l'honneur & la joye de toute l'Eglise, fit choisir vn grand nombre des plus grands Princes de son Royaume, pour chanter avec luy les loüanges de Dieu, d'où l'Ecclesiastique a pris sujet de dire que *Stare fecit Cantores contra altare, & in sono eorum dulces fecit modos.* Que si l'on vouloit faire quelque reflexion sur les effets que produit le Chant de l'Eglise, on trouveroit que déja les premiers Chrestiens s'en servoient ordinairement pour addoucir leurs souffrances soûs les tyrans, & que pour lors les Prestres n'avoient point de joye plus sensible, n'y de moyens plus propres à moderer les incommodités que la confession du nom Chrestien leurs apportoit, qu'en la pratique de ce saint exercice, auquel ils employoient la plus grande partie de la nuit ; les Nocturnes des Matines, ayant esté deslors ainsi nommés à cause de la circonstance du temps. Vn *Gloria, Laus* chanté le iour des Rameaux par l'Evesque Theodulphe, & par Lothaire fils de Loüys le Debonnaire Empereur d'Occident, appaisa la iuste colere qui avoit animé cét Empereur contre eux. Les Airs devots

que

que le Roy Chantre entonna ſur ſa harpe, furent non ſeulement capables de delivrer Saül de l'agitation des eſprits malins ; mais encor de le faire prophetiſer avec les Prophetes, au grand étonnement du Peuple qui s'écria *Nunquid & Saül inter Prophetas ?* Et pour finir par la principale reflexion ſur ce ſujet ; le Fils de Dieu ayant pſalmodié comme il fit avec ſes Apoſtres, au raport de *Baronius* aſſeurant qu'il chanta aprés la Cene le Pſeaume 113. *In exitu Iſraël de Ægypto*, que les Hebreux avoient coûtume de chanter aprés avoir mangé l'Agneau Paſchal, qu'eſt-il beſoin d'autre motif, ny d'autre exemple pour inciter les Preſtres à ce ſaint exercice, & à ſe prevaloir des moyens que ie leur preſente pour s'acquitter facilement & dignement de ce devoir.

Table des Chapitres du Directoire du Chant Gregorien.

PREMIERE PARTIE.

ẽ

Table des Chapitres.

SECONDE PARTIE.

Table des Chapitres.

TROISIESME PARTIE.

Fin de la Table des Chapitres.

PRIVILEGE DV ROY.

LOVYS, Par la Grace de Dieu, Roy de France & de Navarre : A nos amez & feaux Conseillers, les Gens tenans nos Cours de Parlements, Maistres des Requestes ordinaires de nostre Hostel, Baillifs, Seneschaux, leurs Lieutenans, & tous autres nos Iusticiers & Officiers qu'il appartiendra, Salut : Nostre amé IEAN GREGOIRE, Marchand Libraire & Imprimeur de nostre bonne Ville de Lyon ; Nous a fait remonstrer, qu'il a dessein de faire Imprimer vn Livre intitulé *Le Directoire du Chant Gregorien, composé par Jean Millet, Chanoine & Sur-Chantre de Besançon*, S'il nous plaisoit luy vouloir accorder Nos Lettres de Permission à ce necessaires. A CES CAVSES, desirant favorablement traiter ledit Exposant, Nous luy avons permis & permettons par ces presentes, d'Imprimer ou faire Imprimer, autant de fois que bon luy semblera, de vendre & faire vendre ledit Livre cy-dessus, en tous lieux & endroits de nostre Royaume, durant cinq années, pendant lesquelles, faisons deffenses à tous Imprimeurs & Libraires, de les imprimer vendre ny debiter sans le consentemét dudit Exposant, à peine aux contrevenans de trois mil liures d'amande, applicable vn tiers à Nous, vn tiers à l'Hostel-Dieu, de nostre Ville de Paris, & l'autre tiers audit Exposant, de confiscation des Exemplaires contre-faits, & de tous despens dommages & interests : à la charge toutesfois, qu'avant d'exposer ledit Liure en vente, il en fera mettre deux Exemplaires en nostre Bibliotheque publique : vn en celle de nôtre cabinet de nostre Chasteau du Louvre, & vn en celle de nostre tres-cher & feal, le sieur Seguier, Chevalier & Chancellier de France : Vous mandons faire joüir & vser ledit Exposant, d'icelles, pleinement & paisiblement, & tous ceux qui auront droit de luy, sans souffrir qu'ils y soyent troublés. Voulant aussi qu'en mettant vn Extrait des presentes, au commencement ou à la fin de chacun des exemplaires, foy y soit ajoustée, comme au present original : Et Mandons au premier nostre Huissier, ou Sergent sur ce requis, faire en execution, tous exploits & actes necessaires, sans demander autre permission, nonobstant Clameur de Haro, Chartre Normande, prise à partie, & lettres sur ce contraires. Car tel est nostre plaisir. Donné à Fontaine-bleau le 22. iour du Mois de Iuin, de l'an de Grace, mil six cens soixante-six ; Et de nostre Regne le vingt quatriéme.

Par le ROY, en son Conseil.

PVCELLE.

Achevé d'imprimer pour la premiere fois le 8. Decembre 1666.

DIRECTOIRE
DV CHANT
GREGORIEN,
O V
METHODE TRES-FACILE
pour apprendre le Plain-chant, diuiſée
en trois Parties.

PREMIERE PARTIE.

Du Plain-chant, ou Chant Gregorien.

CHAPITRE I.

OVS auons de deux ſortes de Chant dans
l'Egliſe Catholique : l'vn Plain-chant, ou
Chant ſtable : l'autre Chant figuré.

Le premier eſt nommé Chant Gregorien ;
il tire ſon nom de S. Gregoire le Grand, qui
eſtant tres-ſçauant en Muſique, compoſa
l'Antiphonaire, & autres Chants de l'Egliſe,
& adapta au Chant enuiron l'an 594. les ſept lettres dont on ſe ſert
aujourd'huy, à ſçauoir A, B, C, D, E, F, G, & les diſtinguant en
capitales, & en petites, il forma vne eſtenduë de quinze degrez
dans le Chant, qui eſtoit auparauant fort ſimple, & qui n'en em-
braſſoit que quatre ſelon Nicomaque dans Boëce : Il les tira des
quinze Diuiſions que Boëce auoit eſtably, & qu'il auoit pris du
grand Syſteme des Grecs, contenant les Tons qui ſe rencontrent

A

dans quinze degrez, qu'ils nomment Diſdiapaſon, qui ſignifie double Octaue, ou Quinziéme.

L'autre Chant nommé Chant figuré, eſt ce qu'on appelle au-jourd'huy Muſique, quoy que le mot *Muſique,* conuient auſſi bien au Chant Gregorien qu'au Chant figuré, car *Muſicus* veut autant dire que *Cantor :* parce que *Muſica à Muſis dicta eſt,*& le mot Grec *Muſa,* latinè ſignificat *Cantum,* & Chant en noſtre langue : d'où vient que nos Autheurs parlant du Plain-chant, le nomment in-differemment *Muſica plana, Cantus planus,* ou *Cantus firmus.*

Ie dis donc que le Chant Gregorien eſt à proprement parler, vne Muſique plaine, ou ſimple, qui eſt compoſée de certaines notes quaſi toutes d'vne eſgale meſure, qui ne peuuent accroiſtre comme dans la Muſique figurée. Saint Bernard au commencement de ſon traitté de Muſique definit le Plain-chant en cette ſorte : *Muſica plana,* dit-il, *eſt regula naturam, ac formam Cantuum determinans:* & vn peu plus auant il dit, *Plana Muſica eſt notarum ſimplex,& vni-formis prolatio, quæ nec augeri, nec minui poteſt.* Gregoire Faber dans ſa Muſique practique, liure 1. chap. 2. dit que *Plana Muſica eſt notu-larum ſub vnâ, & æquali menſurâ ſimplex, & vniformis pronunciatio, ſine incremento, & decremento prolationis:* Et George Rhau dans la diuiſion qu'il fait de la Muſique eſt de ce ſentiment, voicy ce qu'il en dit : *Vna namque Choralis quæ & Plana, & Gregoriana, ſeu vetus dicitur, eſt quæ in ſuis notulis æqualem ſeruat menſuram, abſque incre-mento, vel decremento prolationis :* Ainſi le Plain-chant, ou Chant Gregorien eſt vne Muſique ſimple,& plaine, ſes figures,& ſes notes eſtant prononcées par vn temps d'vne meſme égalité ; & cette Muſique plaine eſt vne connoiſſance qui conſidere auec ſens, & raiſon, la difference des ſons graues, & des ſons aigus, donnant le moyen de bien,& harmonieuſement chanter.

De l'ancienneté du Plain-chant.

CHAPITRE II.

V Incent Galilei dans ſon Dialogue de la Muſique ancienne, & moderne, & auec luy la plus grande partie des Autheurs qui parlent de la Muſique, ſont d'accord qu'elle n'a pas eſté figurée de tout temps. Zerlin qui viuoit au ſiecle paſſé dit en la 2. Partie de ſon Inſtitution harmonique, que la Muſique de l'anti-quité eſtoit fort ſimple ſans aucune varieté de conſonances : Et

dans

dans fon premier liure des Supplémens Muficaux chap.3.il dit que
cent cinquante ans auant luy, l'on ne chantoit pas en Mufique
figurée, mais feulement en Mufique fimple, qui eft ce que nous
appellons Plain chant, la Mufique pour lors n'eftant tout au plus
que ce que les Muficiens nomment aujourd'huy *Faubourdon:*
ce qui reuient fort bien à ce que le R. Pere Athanaze Kircher
de la Compagnie de Iefus, excellent Autheur de ce temps, dit
dans fon liure intitulé *Mufurgia vniuerfalis* liure 5 *de Symphoniur-
gia* chap. 2. que ç'a efté Iean de Muris Parifien, qui viuoit au
douziéme fiecle, qui a efté le premier qui a inuenté les figures
pour la Mufique. George Rhau nomme le Plain-chant *vetus
Cantus.* & Glarean *de Mufices diuifione* chap. 1. dit, *Cantus duplex
eft, alter fimplex, & vniformis quo nunc vulgo in Templis vtuntur, &
de hoc tractat Mufica plana, quam Gregorianam vocant, alter varius,
ac multiformis, de quo eft Mufica quam alij figuralem, alij menfura-
lem vocant, de hoc menfurali Cantu apud veteres nihil.* De là l'on
voit clairement que la Mufique figurée a pris fa naiffance du
Plain-chant;mais comme mon deffein eft fimplement d'enfeigner,
ie ne veux pas m'eftendre à faire vn long difcours, pour montrer
fon excellence,& fon antiquité: Ie vous diray feulement, qu'elle
fe remarque affez pour auoir efté reglé par faint Ignace Euefque
d'Antioche, par faint Ambroife Euefque de Milan, par les faints
Papes Damafe I. & Leon II. en ce Diocefe, par faint Protade
Archeuefque de Befançon, & enfin par faint Gregoire le Grand,
qui le mit dans fon luftre enuiron l'an 600. d'où il a tiré le nom de
Gregorien,ainfi que ie viens de dire au Chapitre precedent. Il eft
certain que ces faints Perfonnages ont efté pouffés, pluftoft par
vne infpiration diuine, que par leur propre mouuement, à nous
donner vn Chant tout faint & tout diuin; Il ne faut qu'entendre
chanter vn *Gaudeamus,* vn *Puer natus eft,* ou quelques autres Introites, pour infpirer vne fainte joye, & vne feruente deuotion à l'au-
diteur. Ifidore nous l'enfeigne dans fon 3. liure *de fummo bono*
chap.7. difant que le Chant de l'Eglife rend les efprits tranquilles,
& plus agreables, confole les cœurs triftes, & réjoüyt ceux qui ont
quelques fafcheries. Tant plus les Ames deuotes entendent chanter les airs de l'Eglife, tant plus defirent-elles de les entendre de
nouueau; il n'en eft pas de mefme de la Mufique figurée, puifque
les airs qui eftoient admirez il y a cent ans, paffent aujourd'huy
pour des chofes de neant dont on ne fait aucun eftat, ainfi que les

Motets de Iosquin de Pré, d'Antoine Brumel, & de Iean Mouton, qui ont esté les plus excellens Maistres de Musique de France ; & mesme ceux d'Orlande qui a passé pour le Prince des Musiciens, n'ont rien maintenant de charmant. Disons donc auec Lactance parlant du Chant de l'Eglise, liure 6. chap. 21. *Hæc enim est voluptas vera, non caduca, & breuis, vt illæ quas appetunt qui corpori vt pecudes seruiunt : sed perpetua, & sine vllâ intermissione delectans.* Qu'il n'y a rien qui puisse nous satisfaire, & nous resiouyr dauantage que le Chant Ecclesiastique.

Des Elements, Notes, & Guidons.

CHAPITRE III.

IL n'y a que six syllabes dans tout le Plain-chant, qui sont *Vt, Re, Mi, Fa, Sol, La :* Ces syllabes sont prises pour les Elements, qu'on appelle Voix : Leurs Sieges nommés Clefs par les Anciens, se connoissent par la difference que nous apportons d'vne ligne parallele, à d'autres de mesme figure, que l'on tire jusques à quatre, & à l'espace qui est entre ces lignes, sur l'vne desquelles l'on y appose vn Charactere, qui sert comme de Clef pour ouurir le Chant, ainsi que ie feray voir au Chapitre 6.

Les Notes sont les figures, & les signes du Chant, qui toutes sont nommées de ces six syllabes, *Vt, Re, Mi, Fa, Sol, La.*

Il y en a de trois sortes : la Simple, la Composée, & la Mediocre. La Note simple que l'on peut appeller longue, est celle qui n'est point jointe à vne autre Note, estant faite d'vne figure quarrée en cette sorte, & quelquefois ayant vne queuë, comme

La Cōposée est celle qui est jointe à ou bien en vne autre Note, ou à plusieurs. Exéple. cette façon

La Mediocre est celle qui est de la figure d'vne Lozange, comme en cet Exemple.

La Note simple est destinée pour les syllabes longues, ou pro-noncées telles dans la diction Latine. Les Notes composées ne gouuernent qu'vne syllabe longue : Et la Mediocre quand elle est mise seule, sert pour la syllabe brefve. Exemple.

Mais quand il y a plufieurs Notes mediocres enfemble apres vne Note fimple à queuë en defcendant, elles tiennent lieu des Notes compofées. Exemple.

De us.

Le Guidon eft vne demy Note, que l'on met au bout de l'vne des quatre lignes, ou dans l'efpace, pour fignifier le fiege de la premiere Note, qui recommence aux autres quatre lignes qui fuiuent, & pour foulager la veuë de celuy qui chante, comme il fe voit icy.

L'on le met auffi aux Tranfpofitions des Clefs, pour trouuer plus facilement la Note dans cette Tranfpofition, comme vous pourrez remarquer dans le Chapitre 19.

Voyons à prefent la Gamme, fans laquelle on ne peut rien faire dans le Chant.

De la Gamme.

CHAPITRE IV.

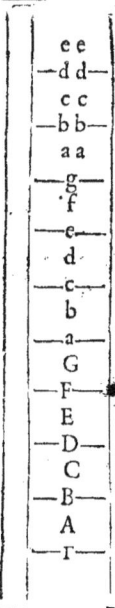

LA Gamme eft vne Efchele, qui contient dans fes degrez tout le Chant dont elle eft l'Alphabet : Elle fut inuentée enuiron l'an 1018. par vn Religieux de l'Ordre de S. Benoift, nommé Guy Aretin, à caufe qu'il eftoit d'vne petite ville d'Italie, appellée *Aretium* ou *Arezzo* : comme il eftoit tres-fçauant au Chant Ecclefiaftique, il joignit aux lettres que S. Gregoire auoit ajufté au Chant les fix fyllabes *Vt, Re, Mi, Fa, Sol, La*, qu'il tira de l'hymne que l'on chante à la Natiuité de S. Iean Baptifte, comme vous voyez icy :

Vt —— *queant laxis,*
Re —— *fonare fibris,*
Mi —— *ra geftorum,*
Fa —— *muli tuorum,*
Sol —— *ue polluti,*
La —— *bij reatum, &c.*

Et inuenta de petits characteres, qui du depuis ont efté appellés Notes, qu'il nomma tous du nom de ces fix fyllabes. Il voulu que fon Efchele commença par le г, Gamma des Grecs, pour montrer qu'ils ont efté les premiers, qui ont inuenté la Mufique.

A 3

e e
d d
c c
b b
a a
g
f
e
d
c
b
a
G
F
E
D
C
B
A
г

Cette Echele contient dix degrez, ou lignes paralleles, & dix espaces, dont neuf sont entre ces lignes, & la dixiéme se prend par dessus la ligne la plus esleuée, sur le premier degré l'on dit la syllabe, ou voix *Vt*, accompagnée de cette lettre Grecque Γ. Le second degré, qui est l'espace par dessus la premiere ligne, est marqué par la lettre A, qui gouuerne la syllabe *Re*. La seconde ligne fait le troisiéme degré de l'Echele, qui embrasse la lettre B, ou ce charactere ♮, que nous appellons ♮ quarré auec la syllabe *Mi*. Le quatriéme degré est dans l'espace par dessus la seconde ligne, qui contient la lettre C, accompagnée des syllabes *Vt*, *Fa*, & ainsi du reste, comme vous le remarquerez mieux, par la Gamme cy-aprés, qui embrasse & les lettres & les syllabes, ou voix. Mais auparauant que vous donner cette Gamme, il est important que vous sçachiez qu'il y a trois genres dans le Chant, l'vn appellé b. mol, l'autre Nature, & le troisiéme ♮ quarré, que ie vous expliqueray au Chapitre 7.

GAMME

GAMME DE GVY ARETIN.

Les trois fortes de lettres Capitales, Petites, & Geminées.	Bas, ou premier Chant de ♮ quarré.	Premier Chant de Nature.	Premier Chant de b. mol.	Second Chant de ♮ quarré.	Second Chant, ou Chant aigu de Nature.	Second Chant, ou Chant aigu de b. mol.	Chant aigu de ♮ quarré.
e e							la
d d						la	sol
c c						sol	fa
♮♮							mi
b b						fa	
a a					la	mi	re
g					sol	re	vt
f					fa	vt	
e				la	mi		
d			la	sol	re		
c			sol	fa	vt		
♮				mi			
b			fa				
a		la	mi	re			
G		sol	re	vt			
F		fa	vt				
E	la	mi					
D	sol	re					
C	fa	vt					
B	mi						
A	re						
r	vt						

Dans le premier rang, ou colomne, font comprifes les lettres, qui font autant de Clefs pour ouurir le Chant; la premiere qui eft la lettre r, auec les fept en fuitte, font les Capitales, qui gouuernent les fyllabes, ou voix graues : les huit qui fuiuent, nommées petites lettres, gouuernent les voix mediocres; & les petites lettres geminées, ont puiffance fur les voix aiguës, ainfi que ie vous l'enfeigneray plus au long au 6. Chapitre.

Le fecond rang contient l'Hexacorde, c'eft à dire la deduction des fix voix les plus graues.

Le troifiéme comprend l'Hexacorde ou deduction des fix, voix du premier ou bas Chant de Nature.

Le 4. la deduction des fix voix du bas Chant de b. mol.

Le 5. contient la deduction des fix voix mediocres qui forment le fecond Chant de ♮ quarré.

Le 6. contient la deduction des fix voix du fecond Chant de Nature.

Le 7. la deduction des fix voix aiguës du Chant de b. mol.

Et le 8. comprend la deduction des fix voix les plus aiguës, qui eft le troifiéme Chant de ♮ quarré, tres-peu en vfage dans le Plainchant.

Cette Gamme contient vingt degrez, comme il fe voit dans l'Efchele, le b. *fa* ♮ *mi* ne faifant qu'vn degré : les dix-huit en bas, à fçauoir

à ſçauoir depuis ┌ *vt* iuſqu'à c c. *ſol, fa* inclus, ſont toute l'eſtenduë du Plain-chant, & les deux plus hauts ſeruent pour la Muſique
figurée tant ſeulement, n'y ayant point de Plain-chant qui monte
iuſques à *ee la*, & partant ie les rejette comme inutiles à mon ſujet.
Elle a eſté tirée du grand Syſteme des Grecs, i'ay crû que ie ferois
vne choſe agreable au Lecteur curieux de luy produire ce Syſteme
auec ſon explication. Ce mot Syſteme veut dire Expoſition, ou
Figure, ou Compoſition.

GRAND SYSTEME DES GRECS.

a. Netehyperbolæon. *id eſt acutiſſima ſiue extrema excellentium.*
c'eſt a a. *la, mi, re.*

g. Paranetehyperbolæon. *id eſt proxima excellentiŭ.* c'eſt g. *ſol, re, vt.*

f. Tritehyperbolæon. *id eſt tertia excellentium.* c'eſt f. *fa, vt.*

e. Netediezeugmenon. *id eſt extrema diſiunctarum.* c'eſt e. *la, mi.*

d. Paranetediezeugmenon. *id eſt proxima diſiunctarum.* c'eſt d. *la,
ſol, re.*

c. Tritediezeugmenon. *id eſt tertia diſiunctarum.* c'eſt c. *ſol, fa, vt.*

♮ Parameſe. *id eſt proxima mediarum.* c'eſt ♮ *mi.*

a. Meſe. *id eſt media.* c'eſt a. *mi, la, re.*

G. Lycanoſmeſon. *id eſt diſiuncta mediarum.* c'eſt G. *ſol, re, vt.*

F. Parhypatemeſon. *id eſt proxima prima mediarum.* c'eſt F. *fa, vt.*

E. Hypatemeſon. *id eſt principalis mediarum.* c'eſt E. *la, mi.*

D. Lycanoshypaton. *id eſt diſiunctiua principalium.* c'eſt D. *ſol, re.*

C. Parhypatchypaton. *id eſt ſequens principalis principalium.* c'eſt C.
fa, vt.

♮ Hypatehypaton. *id eſt principalis principalium.* c'eſt ♮ *mi.*

A. Proslambanomenos. *id eſt addita.* c'eſt A. *re,* qui a eſté adioûtée
par les Grecs.

Ce grand Syſteme contient quinze degrez qui eſt vne double
Octaue que les Muſiciens nomment Dyſdiapaſon, il eſtoit partagé
en cinq Tetracordes, c'eſt à dire de trois degrez, comme le rappor-
tent Zerlin, Glareau, Galilei, & le P. Athanaſe Kircher liure 3. *de
harmonicorum numerorum doctrinâ,* dans le 8. chap. *de origine Syſte-
matis & Tetracordorum,* diſant; *Atque hæc ſunt quinque Tetracorda
veterum Muſicorum ad quorum diſpoſitionem ſcalam manumque ſuam
harmonicam Guido primus ingenioſè ordinauit.* Il adioûta vn degré
plus bas que *Proſlambanomenos* qui eſt ┌. *vt,* & quatre par deſſus
Netehyperbolæon, qui ſont bb. *fa,* ♮ *mi,* cc. *ſol, fa,* dd. *la, ſol,* & ee. *la,*
qu'il nomma *Claues excellentes.*

Mais

Mais comme cecy ne touche qu'indirectement à mon ſujet, ie renuoye le Lecteur chez les Theoriciens de la Muſique figu-rée, où il pourra ſatisfaire à ſa curioſité.

Cette Gamme de Guy Aretin fut racourcie par Ioſquin de Pré, François de nation, enuiron l'an 1504. de laquelle quelques-vns ſe ſeruent pour enſeigner, à cauſe qu'elle n'eſt pas ſi ſpecu-latiue que celle d'Aretin, d'autant qu'elle n'en comprend ſeule-ment que les ſept premieres lettres, ſans faire voir la difference qu'il y a d'vn ſiege à vn autre. Pour bien entendre cette Gamme de Ioſquin, il la faut conſiderer comme vne roüe qui tourne, car dés que vous eſtes au deſſus, s'il faut monter plus haut, vous re-tournez en bas, & s'il eſt beſoin de deſcendre plus bas que la plus baſſe lettre, il faut recommencer en haut.

GAMME DE IOSQVIN DE PRE'.

Lettres Capitales.	Chant par b.mol.	Chant par Nature.	Chant par ♮ quarré.
E		mi	la
D	la	re	ſol
C	ſol	vt	fa
B	fa	♮	mi
A	mi	la	re
G	re	ſol	vt
F	vt	fa	

Cette Gamme ne contient qu'vn Hexacorde, ou deduction de chaque genre du Chant : ce qui la rend tres-imparfaite, ne pouuant ſeruir que pour enſeigner legerement, & ſuperficiellement à chanter ; d'autant que pour bien comprendre le Chant, il eſt abſolument neceſſaire, que l'on ſçache la difference qu'il y a entre les dix-huit degrez qu'embraſſe la Gamme de Guy Aretin, au lieu que Ioſquin de Pré n'en admet que ſept, confondant par ce moyen les voix qui ſont ſous les lettres Capitales, auec celles que les petites lettres,& les geminées gouuernent : Neantmoins comme cette Gamme de Ioſquin eſt dreſſée en ſorte qu'elle aide beaucoup à la memoire, pour conceuoir d'abord en quoy, & ſous quel genre ſe chantent les Notes, pour n'y auoir que trois rangs, ou colonnes, à ſçauoir le premier par b.mol, le ſecond par nature, & le troiſiéme par ♮ quarré ; i'ay iugé qu'il ſeroit bien de reduire celle d'Aretin dans l'ordre de celle-cy,où l'on rencontrera la facilité de l'vne,& la force de l'autre,& qui enſeignera la grande difference qu'il y a des voix ſur les degrez où ſont les lettres capi-tales, à celles où ſont les petites,& les geminées : Ce ſera donc de cette Gamme tirée de ces deux Autheurs, de laquelle ie me ſerui-

B

ray dans ce liure , comme tres-aifée à conceuoir,& tres-neceffaire pour bien apprendre le Chant Gregorien.

Gamme tirée de celle d' Aretin , & de celle de Iofquin de Pré.

	Par b. mol.	Par nature.	Par ♮ quarré.
c c	fol,		fa.
b b	fa	♮	mi.
a a	mi,	la,	re.
g	re	fol	vt.
f	vt,	fa,	
e		mi	la.
d	la,	re,	fol.
c	fol,	vt	fa.
b	fa,	♮	mi.
a	mi	la	re.
G	re,	fol,	vt.
F	vt	fa	
E		mi,	la.
D		re	fol.
C		vt,	fa.
B			mi.
A			re.
Γ			vt.

Des Voix , & de leurs Diuifions.

CHAPITRE V.

I'Ay dit au 3. Chap. que les fyllabes *Vt, Re, Mi, Fa, Sol, La* , font les voix du Chant : par ces fix fyllabes toutes les Notes qui font dans le Chant,font exprimées fous la teneur des Clefs,par des fons differens, qu'on appelle graues, & aigus : Pour comprendre d'où procedent ces fons differens, il faut confiderer que le fon fimple-ment pris, eft vne harmonieufe eftenduë, ou continuation de voix, qui n'eft autre chofe , que lors que la voix ne monte, ny n'abbaiffe, mais bien quand elle demeure en vn mefme eftat:Cette eftenduë, ou continuation a deux extremitez ; la premiere eft, l'éleuation, ou mouuement des voix du bas en haut ; & l'autre eft l'abbaiffe-ment , ou mouuement du haut en bas ; entre ces deux extremitez, font formez les fons graues & aigus.

Ces

Ces fix voix eftans prifes toutes enfemble , & confiderées generalement felon la Gamme , fe diuifent en voix graues ,, en voix
mediocres , & en voix aiguës : Les lettres capitales contiennent
les voix graues , les petites, les voix mediocres, & les lettres geminées embraffent les voix aiguës.

Mais quand elles font confiderées felon l'Hexacorde, c'eft à
dire , dans la deduction, ou dans le progrés des fix voix *Vt*, *Ré*, *Mi*,,
Fa, *Sol*, *La* , elles fe diuifent de deux façons : La premiere fe fait
de trois à trois voix , les trois voix baffes qui font *Vt* , *Re* , *Mi*, font
appellées inferieures, à caufe qu'elles font deftinées pour monter;
les trois autres *La* , *Sol* , *Fa* , font dites fuperieures, à caufe que leur
vfage eft pour defcendre , comme en E *mi*, *la*, la voix *mi*, fert pour
monter , & le *la* , pour defcendre.

L'autre diuifion fe forme dans l'intonation des voix , par vn
interualle qui s'appelle Quarte , d'autant qu'elle eft compofée de
quatre degrez, comme *Vt*, *Fa* , que les Muficiens nomment Tetra-
corde, à caufe qu'elle comprend trois fons differens harmonieufe-
ment , ou diatoniquement pris , c'eft à dire , de deux tons , & vn
femi-ton.

Cette diuifion fe fait de trois façons ; la premiere dans l'intonation des voix *vt fa*, la feconde par celle des voix *re fol* , & la troifiéme , des voix *mi la*.

La premiere qui eft faite des voix *vt fa*, eft appellée Chant mol,,
parce que dans fon intonation, l'harmonie qui s'y rencontre eft
molle, à caufe du femi-ton qui eft entonné le dernier, qui addoucit
parfaitement bien la rudeffe des deux tons qui le precedent.

La feconde qui eft formée du *re*, & du *fol*, eft nommée Chant
naturel , d'autant que fon harmonie eft la plus naturelle, à caufe
que le femi-ton eft au milieu.

La troifiéme qui prend fa naiffance fur les voix *mi la* , eft nommée Chant dur, pour eftre d'vne intonation rude & difficile, à caufe que le femi-ton eft entonné le premier , laiffant les deux tons
à la fin, qui font d'vne dure intonation : En voicy la diuifion.

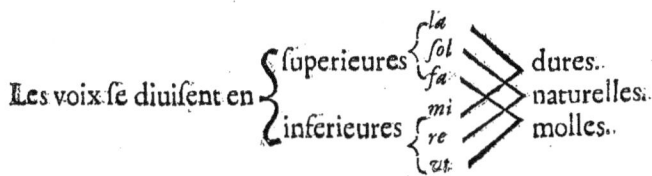

Les voix fe diuifent en ⎰ fuperieures ⎰ la, fol, fa ⎱ → dures.
⎱ inferieures ⎰ mi, re, vt ⎱ → naturelles.
molles.

B 2

Cette difference des voix fait toute la douceur , & toute la beauté du Chant , quand elle eſt bien priſe , & bien obſeruée: mais auparauant que d'expliquer ce que c'eſt que Ton, & Semi-ton (ce que ie feray au Chapitre 22.) apprenons auparauant à con-noiſtre les Clefs.

Des Clefs.

CHAPITRE VI.

TOut le Chant conſiſte principalement en la connoiſſance des voix, & des clefs , d'autant que ce ſont les voix qui le compoſent , & les clefs qui l'ouurent, comme le dit André Onito-parque : *Clauis* (dit-il) *eſt reſeratio , eo quod ſimilitudine clauis realis Cantum aperiat.* Guy Aretin, & beaucoup d'autres apres luy, ont voulu qu'il y ait de cinq ſortes de clefs dans le Chant.

1. Les clefs vniuerſelles, qui ſont autant qu'il y a de degrez dans l'Eſchele,& qui ſont marquées par les lettres г, A, B, C, D, E, F, G, a, b, c, d, e, f, g, a a , bb, c c, d d, e e.

2. Les clefs finales, qui gouuernent les modes dont ie parleray en la ſeconde partie.

3. Les clefs regulieres,qui ſont au nombre de ſept,priſes ſur tous les degrez de la Gamme,où le *fa* ſe retrouue, à ſçauoir ſur C , F, b, c, f, bb, c c.

4. Les principales, qu'ils mettent au nombre de trois.

5. Et finalement les clefs capitales, qu'ils reduiſent à deux.

Outre ces clefs que nos Autheurs admettent , il y en a encor d'autres, qui ſont nommées *Claues ſignatæ*, par l'indication deſ-quelles les autres,dont ie viens de parler,qui ne ſont pas marquées dans le Chant,ſont connuës.

Ie n'ay pas iugé à propos de faire la deduction au long de tou-tes ces clefs, d'autant que cela ne feroit qu'embarraſſer le Lecteur, i'en tireray ſeulement les trois de la quatriéme eſpece appellées Principales, *tanquam duces in Cantu.* Et les deux de la derniere, que ie nommeray Clefs imparfaites , qui toutes cinq peuuent eſtre nommées *Claues ſignatæ.*

La premiere Clef des trois principales ſe forme ſur le degré F. *vt , fa* , par ce charactere 𝄢 que ie nomme Clef de F. *vt ,fa*, ou Clef des voix graues, & baſſes.

La

La feconde prend fa naiffance fur le degré de c. *fol, vt, fa,* marquée en cette forte appellée Clef de c. *fol, vt, fa,* ou Clef des voix mediocres.

Et la troifiéme eft formée fur le degré de g. *re, fol, vt,* ainfi marquée *G,* cette Clef eft nommée Clef de g. *re, fol, vt,* ou Clef des voix aiguës, qui fe rencontre fort rarement dans le Plainchant.

Ces trois Clefs ne font jamais pofées dans les efpaces entre les lignes, mais deffus, diftantes l'vne de l'autre de cinq degrez. Exemple.

Clefs de F. *vt, fa.* Clefs de c. *fol, vt, fa.* Clef de g. *re, fol, vt.*

Les deux autres Clefs que ie nomme imparfaites font les deux b. ♯ de la Gamme de Guy Aretin, l'vn appellé b. mol, ou b. rond, l'autre ♯ dur, ou ♯ quarré.

Ces deux Clefs ont leur fiege fur le degré de b. *fa,* ♯ *mi,* immediatement apres la Clef de c. *fol, vt, fa.*

La Clef de F. *vt, fa,* comprend & gouuerne les lettres capitales, qui occupent les huit degrez les plus bas de la Gamme, à fçauoir Γ *vt,* jufques à G. *re, fol, vt,* qui eft vn degré plus haut que le fiege de cette Clef; & c'eft pour cette raifon qu'elle eft nommée Clef des voix graues, & baffes. Exemple.

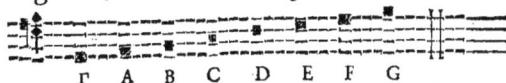

Γ   A   B   C   D   E   F   G

Ces huit degrez font Γ. *vt,* A. *re,* B. *mi,* C. *vt, fa,* D. *re, fol,* E. *mi, la,* F. *vt, fa,* G. *re, fol, vt.*

Dans le Plain-chant il ne s'y rencontre point de voix qui defcende plus bas que Γ. *vt,* & l'on ne peut pas dire fur ce degré vne autre voix qu'vn *vt,* non plus qu'au fecond, & troifiéme degrez A. *re,* & B. *mi,* qu'vn *re,* & vn *mi,* comme nous dirons quand nous parlerons des Muances.

La Clef de c. *fol, vt, fa,* contient & gouuerne fept degrez, qui font les petites lettres de la Gamme, à fçauoir a. *mi, la, re,* b. *fa,* ♯ *mi,* c. *fol, vt, fa,* d. *la, re, fol,* e. *mi, la,* f. *vt, fa,* g. *re, fol, vt.* comme en cet Exemple.

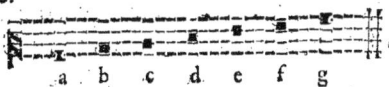

a   b   c   d   e   f   g

La Clef de g. *re, fol, vt,* comprend les voix les plus hautes nommées aiguës, qui contiennent cinq degrez dans la Gamme de
Guy Aretin : pour moy ie n'en admet que trois, d'autant que le
Plain-chant ne monte jamais en d d. *la, fol,* mais seulement en
c c. *fol, fa,* ainsi que ie l'ay dit au 4. Chapitre, elle comprend
a a. *mi, la, re,* b b. *fa,* ♮ *mi,* & c c. *fol, fa.* Exemple.

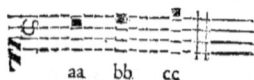
aa   bb   cc

Quelques-vns n'ont point voulu admettre la Clef de g. *re, fol, vt,*
dans le Plain-chant, d'autant que les voix qui font gouuernées
par les lettres geminées, peuuent estre rangées sous la Clef de
c. *fol, vt, fa;* & pour ce n'ont voulu que deux especes de voix, ou
syllabes, à sçauoir les graues, & les aiguës, mettant au nombre
des aiguës les voix mediocres : comme en cet Exemple.

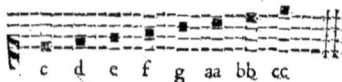
c   d   e   f   g   aa bb cc

Pour moy i'estime qu'il est necessaire d'admettre cette Clef de
g. *re, fol, vt,* tant à cause qu'elle se rencontre en quelques endroits
dans le Plain-chant, qu'afin de distinguer les voix selon les lettres
de l'Eschele de Guy Aretin, donnant aux lettres capitales les voix
graues, aux petites les voix mediocres, & aux geminées les voix
aiguës, ainsi que ie viens de dire.

Des trois genres differens dans le Chant, qui font b. mol,
nature, & ♮ quarré.

CHAPITRE VII.

ENcor bien que les voix s'entonnent de mesme façon par
b. mol, que par nature, & par ♮ quarré, elles different pourtant l'vne de l'autre, tant par leurs sieges, que par vne certaine
qualité d'harmonie, qui forme cette belle diuersité qui se rencontre dans le Chant. Vous auez pû remarquer dans la Gamme de
Guy Aretin, qu'il y a sept rangs, ou colonnes, qui contiennent les
sept deductions des Hexacordes. I'ay reduit dans ma Gamme ces
sept colonnes en trois, qui comprennent toutes les deductions des

Hexa

Hexacordes qui compoſent le Plain-chant.Ces Hexacordes prennent leur naiſſance ſur les lettres, F, f, C, c, & ᴦ, G, g, leſquelles,
comme elles forment les trois Clefs principales, forment pareillement trois differentes natures de chanter, que l'on peut appeller
genres : Le premier eſt nommé Chant mol, ou Chant de b. mol;
Le ſecond Chant naturel, ou Chant par nature ; Et le troiſiéme
Chant dur, ou Chant de ♮ quarré.

Du Chant de b. mol.

CHAPITRE VIII.

L E Chant de b. mol eſt celuy dont l'Hexacorde prend ſa naiſſance ſur les lettres F, f, & finit ſur la lettre d. Il eſt appellé
Chant mol, à cauſe que le *Fa*, de *b.fa*, ♮ *mi* , eſt enfermé dans cét
Hexacorde, & c'eſt de ce *b.fa*, qu'il tire ſon nom de mol, d'autant
que ſur cette voix il s'y rencontre, par le mélange du Chant de
nature, vne certaine harmonie molle, & douce, au lieu que l'harmonie du ♮ *mi*, eſt rude, & difficile dans ſon intonation.

L'indice de ce Chant, eſt lors que l'on met apres la Clef de
c. *Sol, Vt, Fa* , ſur le degré plus bas ce ſigne b. appellé b. rond, ou
b.mol,que i'ay nommé au Chapitre 6.Clef imparfaite,& quelquefois auſſi ſur ſon octaue,qui eſt la lettre geminée b b. Exemple.

Premiere deduction.   Seconde deduction.

vt,re,mi,fa,ſol,la, la,ſol,fa,mi,re,vt.   *vt,re,mi,fa,ſol, ſol,fa,mi,re,vt.*

Dans la ſeconde deduction, l'Hexacorde n'eſt pas entier,
à cauſe que le Plain-chant ne paſſe pas le degré de cc, ainſi que
i'ay deſia dis, & comme il ſe voit dans ma Gamme.

Du Chant de Nature.

CHAPITRE IX.

C E Chant commence ſon Hexacorde ſur les lettres C, c, &
le finit en a, & aa, il eſt nommé Chant de Nature, ou
Chant naturel, à cauſe qu'il n'entre point dans les Clefs imparfaites,

tes,qui diftinguent les deux autres Chants, & qu'il tient le milieu entre le Chant de b. mol, & le Chant de ♯ quarré, pouuant eftre mélangé auec l'vn & auec l'autre, ce qui luy donne le nom de neutre entre ces deux Chants, la deduction de fes voix fe retrouue en deux endroits. Exemple.

Premiere deduction.   Seconde deduction.

Du Chant de ♯ quarré.

CHAPITRE X.

LE Chant de ♯ quarré, eft celuy dont l'Hexacorde prend fa naiffance fur les lettres Γ, G, & g, & le finit fur les lettres E, & e. Le *Mi* de ♯ *mi*, qui eft rude a entonner, luy donne le nom de Chant dur, l'indice de ce Chant eft lors qu'il n'y a point de figne apres la Clef de ♮, ie veux dire quand le b. mol, ny eft pas appofé; que fi dans la fuitte du Chant par b. mol, il fe retrouue ce figne ♯, il faudra dire *Mi*, à la place de *Fa*, en b. *fa* ♯ *mi*. Ce Chant de ♯ quarré eft beaucoup plus en vfage dans le Plain-chant que celuy de b. mol, à caufe de fa feuerité; les deductions de fes voix fe rencontrent en trois diuers lieux. Exemple.

Premiere deduction.

vt, re, mi, fa, fol, la,   la, fol, fa, mi, re, vt.

Seconde deduction.   Troifiéme deduction.

vt, re, mi, fa, fol, la, la, fol, fa, mi, re, vt.   vt, re, mi, fa, fa, mi, re, vt.

Dans la troifiéme deduction l'Hexacorde n'eft pas entier, à caufe que le Plain-chant ne monte pas plus haut que cc. *fol, fa.*

Dii

Du changement des voix , ou de la muance dans le Chant.

CHAPITRE XI.

NOus appellons mutation, ou muance des voix , le changement qui se fait d'vne voix à vne autre sans alterer le son,
ny entrer dans l'vne ny l'autre de ses deux extremitez, je veux dire
sans s'approcher ny du graue ny de l'aigu : c'est la definition qu'en
apporte Marchet Padoüan ; *Mutatio* (dit-il) *est variatio nominis
vocis in alterum in eodem sono.* Ce changement fait l'agreable diuersité qui se rencontre dans le Chant, & enseigne comme il faut faire
le choix des diuerses syllabes, ou voix sur vn mesme degré. George
Rhau, dit que *Mutatio est vnisona variatio vnius vocis in aliam in
eadem claue :* ces mots *in eadem claue* veulent dire que cette muance
se fait sur vn mesme degré , comme par exemple sur le degré d'E
mi , la , elle est faite du *La,* au *Mi,* ou du *Mi,* au *La ;* Or ie n'entend
parler icy que des voix, ou syllabes, qui sont comprises dans l'Hexacorde, non pas de la voix qui se change, comme dit Franchin, *per
intentionem, & remissionem ,* c'est à dire, par haussement, & abbaissement, ou par augmentation, & diminution de sons, mais seulement
de syllabe en syllabe, ou denomination, en denomination. La
muance a esté inuentée à cause que la seule & simple deduction,
qui est le progrés des six syllabes *vt , re , mi , fa , sol , la ,* ne suffit pas,
ny en montant, ny en descendant pour toutes sortes de Chants,
comme aussi pour la varieté des Hexacordes qui sont comme en-
chainez les vns dans les autres.

Pour bien conceuoir les muances, il faut considerer que les voix
qui sont sous vne mesme lettre, ou sur vn mesme degré, sont d'vne
mesme espece , & ne souffrent point entre-elles de sons diuers,
comme par exemple en E *mi , la,* quoy que les voix *Mi,* & *La,* soient
esloignées dans leurs progrés d'vne quarte, cependant comme elles
sont sur vn mesme degré , quand on change le *Mi* en *La,* il le faut
entonner au mesme son que le *La,* & de mesme,
quand le *La* est changé en *Mi.* Exemple.

mi , la.

Où se voit que *mi ,* & *la ,* sont compris dans vn mesme espace
qui prend sa denomination d'E *mi , la ,* & par consequent doiuent
auoir vn mesme son. La muance ne peut estre faite qu'il ne s'y

C

rencontre deux voix fur vn mefme degré, l'vne defquelles eft la voix changeante, & l'autre la voix changée, comme l'explique fort bien George Rhau, qui nomme la voix qui eft mife à la place de l'autre *vox mutans*, & l'autre qui eft changée *vox mutata*, comme par cet Exemple.

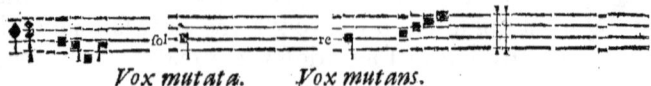

Vox mutata.   *Vox mutans.*

Où fe voit que *Sol* & *Re*, font fur vne mefme ligne, qui prend fa denomination de D. *re*, *fol*, & par confequent doiuent auoir vn mefme fon, quoy que le nom du *Sol*, foit changé en celuy du *Re*.

Ie trouue qu'il y a de fix fortes de Muances :

La premiere que i'appelle Muance generale.

La feconde Muance explicite, ou vocale.

La troifiéme Muance implicite, ou mentale.

La quatriéme Muance plus que parfaite.

La cinquiéme Muance parfaite.

Et la fixiéme Muance imparfaite.

De la Muance generale.

CHAPITRE XII.

LA Muance generale eft celle qui comprend tous les fieges, ou degrés de la Gamme, à la referue de b. *fa* ♮ *mi*, dont ie parleray cy-apres, qui font compofés de deux ou de trois voix, à fçauoir C. *vt*, *fa*, D. *re*, *fol*, E. *mi*, *la*, F. *vt*, *fa*, G. *re*, *fol*, *vt*, a. *mi*, *la*, *re*, c. *fol*, *vt*, *fa*, d. *la*, *re*, *fol*, e. *mi*, *la*, f. *vt*, *fa*, g. *re*, *fol*, *vt*, a a. *mi*, *la*, *re*, & c c. *fol*, *fa*. Quant aux trois premiers degrés qui font г. *vt*, A. *re*, & ♮ *mi*, il ne s'y fait point de Muance, parce qu'ils ne contiennent chacun qu'vne voix.

Ie diftingue en deux façons ces degrés, les vns qui comprennent deux voix, comme C. *vt*, *fa*, D. *re*, *fol*, E. *mi*, *la*, F. *vt*, *fa*, e. *mi*, *la*, f. *vt*, *fa*, & c c. *fol*, *fa*. Les autres qui en embraffent trois, comme G. *re*, *fol*, *vt*, a. *mi*, *la*, *re*, c. *fol*, *vt*, *fa*, d. *la*, *re*, *fol*, g. *re*, *fol*, *vt*, & a a. *mi*, *la*, *re*.

De

De la Muance generale fur les degrés qui comprennent deux voix.

CHAPITRE XIII.

LEs Muances generales fur les degrés qui contiennent deux voix, (à la referue de celuy de c c. *fol, fa* , dont la Muance eſt de la nature de celle des degrés de trois voix) ſe font en montant de la voix ſuperieure en l'inferieure , & en deſcendant tout au contraire, de l'inferieure en la ſuperieure , comme en C. *vt* , *fa*, le *Fa* qui eſt la voix ſuperieure ſe change en montant en *Vt*, & l'*Vt* qui eſt la voix inferieure ſe change en *Fa* en deſcendant, de meſme en D. *re, fol,* le *Sol* en montant ſe change en *Re* , & en deſcendant le *Re* ſe change en *Sol* : En E. *mi* , *la* , le *La* en montant ſe change en *Mi*, & le *Mi* en *La* , en deſcendant : Et en F. *vt* , *fa*, de meſme qu'en C. *vt* , *fa*, comme par les Exemples ſuiuans.

Exemple en C. *vt, fa.*   Exemple en D. *re, fol.*

fa vt, en mõtãt, *fa*, en deſcendant.   *re*, en montant, *fol*, en deſcendant.

Exemple en E. *mi, la.*   Exemple en F. *vt, fa.*

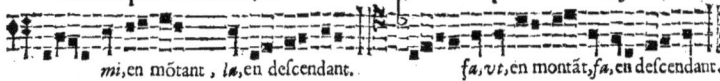

mi, en mõtant , *la*, en deſcendant.   *fa, vt*, en montãt, *fa*, en deſcendant.

Ce que ie viens de dire touchant E. *mi* , *la* , & F. *vt* , *fa* , lettres capitales, s'obſerue ſur e. *mi, la,* & f. *vt, fa,* lettres petites.

Exemple en e. *mi, la.*   Exemple en f. *vt, fa.*

mi, en mõtant, *la*, en deſcendant.   *fa, vt*, en montãt, *fa*, en deſcendant.

De la Muance generale ſur les degrés qui compoſent trois voix.

CHAPITRE XIV.

CEtte Muance deſpend abſolument du degré de b. *fa*. ♮ *mi*, ſur lequel les Clefs imparfaites prennent leur ſiege comme ie vous l'ay dis au Chapitre 6. Ces deux Clefs qui font b. & ♮.

C 2

ont fous leur puiſſance les deux voix qui ſont ſur ce degré, le *Fa*
eſtant gouuerné par le b. mol, & le *Mi* par le ♮ quarré, en telle
ſorte que quand cette petite lettre b. eſt appoſée immediatement
apres la Clef, l'on prononce toûjours la voix *Fa* ſur le degré de
b. *fa* ♮ *mi*, & lors qu'il n'y a point de b. mol apres la Clef l'on y
chante la voix *Mi*.

Toutes les autres voix dans le progrés de l'Hexacorde ſuiuent
cette regle, qui eſt generale, d'autant que ſi vous montés, & que
vous chantiés *Mi* en b. *fa* ♮ *mi*, il faut prendre *Vt* ſur le degré de
G. *re, ſol, vt*, & non pas le *Re*, & en deſcendant cette voix *Vt*, eſt
changée en *Sol* : Mais ſi ſur ce degré de b. *fa* ♮ *mi*, vous chantés *Fa*,
pour lors l'on prend le *Re* ſur le degré de G. *re, ſol, vt*, en montant,
& non pas l'*Vt*, & en deſcendant ce *Re* eſt changé en *Sol*.

Cette meſme regle s'obſerue ſur tous les autres degrés, qui contiennent trois voix. Exemple. En a. *mi, la, re*, l'on prend le *Mi* en
montant quand le b. eſt marqué, & en deſcendant ce *Mi* ſe change
en *La* ; ſi le b. n'y eſt pas, & que l'on diſe *Mi* en b. *fa* ♮ *mi*. L'on
prend le *Re* en montant ſur le degré d'a. *mi, la, re*, & en deſcendant ce *Re* eſt changé en *La*.

Aux autres degrés plus hauts, qui ſont c. *ſol, vt, fa*, & d. *la, re, ſol*,
quand le b. eſt appoſé l'on prend les premieres voix, à ſçauoir le
Sol en c. *ſol, vt, fa*, & le *La* en d. *la, re, ſol*, & ſi le Chant monte plus
haut que ces degrés, ces voix ſont changées, ſçauoir le *Sol*, de c. *ſol,
vt, fa*, en *Vt*, & le *La* de d. *la, re, ſol*, en *Re*, & quand il n'y a point
de b. l'on prend le *Fa* en c. *ſol, vt, fa*, & le *Sol* en d. *la, re, ſol*, & s'il faut
monter plus haut, ces voix ſont changées de la meſme façon que
lors que le b. mol eſt appoſé.

Quant au degré de cc. *ſol, fa*, l'on y chante la voix *Sol*, ſi le b. mol
eſt marqué, & quand il n'y eſt pas, l'on y dit *Fa*. Voyez les Exemples
que ie produis, qui vous donneront vne claire intelligence de ce
que ie viens de dire.

Exemple du degré de b. *fa* ♮ *mi*,
quand on y dit *Fa*, ou *Mi*.

fa.   mi.

Exemple du degré de G. *re, ſol, vt*,
ſur lequel l'on dit *Re* en montant
par b. mol, & *Sol* en deſcendant.

re, en montant.   ſol, en deſcendant.

Exemple du meſme degré de
G. *re, ſol, vt*, quand le b. mol n'y eſt
pas, ſur lequel l'on dit *Vt* en montant, & *Sol* en deſcendant.

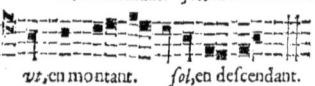

vt, en montant.   ſol, en deſcendant.

Exemple

Exemple du degré d'a. *mi* , *la* , *re*, où l'on dit *Mi* en montant , quand le b. mol eſt appoſé ; & *La* en deſcendant.

mi, en montant,   *la*, en deſcendant.

Exemple du meſme degré quand il n'y a point de b. mol , ſur lequel l'on dit *Re* en montant , & *La* en deſcendant.

re, en montant,   *la*, en deſcendant.

Exemple du degré de c. *ſol* , *vt* , *fa*, ſur lequel l'on dit *Sol* en deſcendant par b.mol, & *Vt* en montant.

ſol, en deſcendant,   *vt*, en montant.

Exemple du meſme degré quand il n'y a point de b. mol , où l'on dit *Fa* , pour deſcendre , & *Vt* pour monter.

fa, en deſcendant,   *vt*, en montant.

Exemple de degré de d. *la* , *re* , *ſol*, ſur lequel l'on dit *La*, par b. mol en deſcendant, & *Re* en montant.

la, en deſcendant,   *re*, en montant.

Exemple du meſme degré quand il n'y a point de b. mol , ſur lequel l'on dit *Sol* en deſcendant, & *Re* en montant.

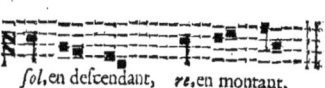

ſol, en deſcendant,   *re*, en montant.

Exemple du degré de cc. *ſol* , *fa*.

ſol   *fa*

Des Muances explicite & implicite.

Chapitre XV.

L A Muance explicite ou vocale, eſt celle par laquelle les deux voix , à ſçauoir *Vox mutans* , & *Vox mutata* ſont exprimées ; Et la Muance implicite ou mentale, eſt celle par laquelle l'vne des voix eſt exprimée,& l'autre demeure dans la penſée. La premiere n'a eſté inuentée que pour faire conceuoir la ſeconde, de laquelle il faut ſe ſeruir bien pluſtoſt que de l'autre, parce qu'exprimant les deux ſyllabes c'eſt geminer la Note , & cela n'eſt ny agreable à l'oüye , ny conuenant au Chant, comme vous le remarquerez mieux par l'exemple que ie vous en donne.

C 3

Muance explicite, ou vocale.　　Muance implicite, ou mentale.

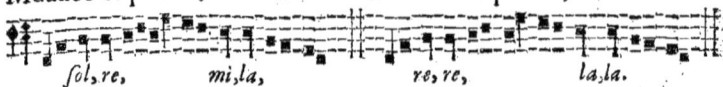

　　　sol, re,　　　　*mi, la,*　　　　　*re, re,*　　　　*la, la.*

Vous voyez que dans la Muance explicite, l'on prononce sur le degré de D. *re, sol,* les voix *Sol* & *Re* , & dans la Muance implicite *Re* tant seulement ; mais pour bien entonner cette Muance, il faut auoir le *Sol* dans la pensée en prononçant le *Re* , de mesme sur le degré d'E. *mi, la,* le *La* tant seulement, & le *Mi* en pensée.

De la Muance plus que parfaite.

CHAPITRE XVI.

CEtte Muance est la plus necessaire , & la plus vsitée dans le Chant Gregorien ; elle se fait de deux sortes, l'vne qui entre du Chant de ♮ quarré en celuy de Nature , & l'autre au contraire du Chant de Nature en celuy de ♮ quarré.

La premiere qui est celle qui entre de ♮ quarré en Nature , se forme en montant sur les degrez de D. *re, sol,* & d. *la, re, sol,* changeant le *Sol,* en *Re* , & en descendant sur les degrez a a. *mi, la, re,* & a. *mi, la, re,* changeant le *Re* , en *La* , comme par les Exemples suiuans.

Muance de ♮ quarré en Nature, en montant sur les degrez de D. *re, sol,* & d. *la, re, sol.*

Chant par ♮ quarré par Nature.　　Chant par ♮ quarré par Nature.

　vt, re, mi, fa,　Re, mi, fa, sol,　　*vt, re, mi, fa,　Re, mi, fa, sol,*

Muance de ♮ quarré en Nature, en descendant sur les degrez de a a. *mi, la, re,* & a. *mi, la, re.*

　　♮ quarré Nature.　　　　　♮ quarré Nature.

　fa, mi,　La, sol, fa, mi, re, vt.　　*fa, mi,　La, sol, fa, mi, re, vt.*

La Muance du Chant de Nature à celuy de ♮ quarré, se fait en montant sur les degrez d'a. *mi, la, re,* & a a. *mi, la, re,* changeant le *La* en *Re,* & en descendant sur les degrez de e. *mi, la,* & E. *mi, la,* changeant le *Mi,* en *La.* Exemples.

　　　　　　　　　　　　　　　　　　　　　Muance

Muance en montant du Chant de Nature, en celuy de ♯ quarré.

Nature.   ♯ quarré.   Nature.   ♯ quarré.

vt , re, mi, fa, fol , Re mi, fa.   *vt , re, mi, fa, fol , Re mi, fa.*

Muance en defcendant du Chant de Nature, en celuy de ♯ quarré.

Nature.   ♯ quarré.   Nature.   ♯ quarré.

la, fol, fa , La, fol, fa, mi, re.   *la, fol, fa , La, fol, fa, mi, re.*

Vous auez pû remarquer que la Muance fe fait en montant dans l'vn & dans l'autre genre fur toutes les fyllabes *Re*, & en defcendant fur tous les *La*, voyez-en le mélange par les deux Exemples fuiuans.

Exemple des deux Muances meflées de ♯ quarré, en Nature, & de Nature, en ♯ quarré, qui fe fait en montant fur tous les *Re* de ces deux genres de Chant.

Exemple des deux Muances mélées de ♯ quarré en Nature, & de Nature en ♯ quarré, qui fe fait en defcendant fur tous les *La* des Chants de ces deux genres.

De la Muance parfaite.

CHAPITRE XVII.

L A Muance parfaite eſt de la nature de la pluſque parfaite ; Elle eſt de deux ſortes , l'vne qui ſe forme par le mélange du Chant de b. mol en celuy de Nature ; & l'autre au contraire du Chant de Nature en celuy de b.mol.

La premiere, qui entre du Chant de b. mol en celuy de Nature, ſe fait en montant ſur le degré de d.*la,re,ſol,*changeant le *Sol* en *Re,* & en deſcendant ſur les degrez de aa.*mi , la , re ,* & a.*mi , la , re,* ainſi qu'en la Muance pluſque parfaite , changeant le *Mi* en *La,* comme aux Exemples ſuiuans.

Muance du Chant de b. mol, en celuy de Nature en montant.

ut , re , mi, fa, ſol, Re, mi, fa.

Muance du Chant de b. mol, en celuy de Nature en deſcendant.

Sol, fa. La, ſol, fa, mi, re, ut.   Sol, fa. La, ſol, fa, mi, re, ut.

La ſeconde, qui entre du Chant de Nature, en celuy de b. mol, ſe forme en montant ſur les degrez de G.*re, ſol, ut,* & g.*re, ſol, ut,* changeant le *Sol,* en *Re,* & en deſcendant ſur le degré de d.*la, re, ſol,* changeant le *Re* en *La.* Exemple.

Muance du Chant de Na-ture en celuy de b. mol en montant.

ut, re, mi, fa, Re, mi, fa ſol.   ut, re, mi, fa, Re, mi, fa, ſol.

Muance du Chant de Nature en celuy de b. mol en deſcen-dant.

fa, mi , La, ſol, fa, mi, re, ut.

Mélange des Muances de Nature en b. mol , & de b. mol, en Nature qui ſe font ſur les ſyllabes *Re* en montant, & ſur les ſyllabes *La* en deſcendant.

Exemple

Exemple pour monter.   Exemple pour defcendre.

De la Muance imparfaite.

Chapitre XVIII.

CEtte Muance ne fe fait iamais que fur le degré de b. *fa* ♮ *mi*; Elle eft appellée imparfaite, à caufe que les deux voix qui font fur ce degré font de differens fons, contre la nature de tous les autres ; elle fe fait lors que depuis F. *vt, fa*, l'on monte immediatement, ou mediatement en b. *fa* ♮ *mi*, fur le degré duquel l'on dit *fa*, quoy que le Chant foit par ♮ quarré, qui eft le figne du *mi* fur ce degré ; & quand mefme il n'y a point de b. mol, la Muance fe fait du *Mi* en *Fa*, ou bien encor elle fe fait lors que depuis a. *mi, la, re*, ou G. *re, fol, vt*, l'on monte feulement en b. *fa* ♮ *mi*, fans aller en c. *fol, vt, fa*, & pour lors la notte eftant fur le degré de b. *fa* ♮ *mi*, qui deuroit eftre vn *Mi*, eft changée en *Fa*, particulierement quand le Chant defcend peu de temps apres, en F. *vt, fa*. Exemple.

immediatement.   mediatement.

fa, fa, la, fol, la, fa, la.   *fa, fol, fa, la.*   *la, fol, la, fa, fol, fa.*

Si le Chant defcend depuis b. *fa*, ♮ *mi*, immediatement, ou mediatement en E. *mi, la*, pour lors il faut dire *Mi* en b. *fa*, ♮ *mi*, & en ce rencontre il ne fe fait point de Muance imparfaite. Exemple.

D

immediatement.   mediatement.

re , vt , re , mi , mi.   *vt , re , mi , sol , mi.*

Sur quoy il faut obferuer que cette Muance imparfaite ne peut eftre appellée vn *Fa* faint comme plufieurs l'eftiment, tant à caufe qu'il eft dans fon degré naturel , que parce que la Muance fainte n'eft point admife dans le Plain-chant, ains feulement dans la Mufique figurée, où l'on fe fert de ce caractere XX nommé dieze pour hauffer d'vn demi-ton fur vn mefme degré , & du b. mol fur le degré de e. *mi,la,* pour y chanter la voix *Fa,* qui peut eftre nommé *Fa* faint ; ce *Fa* fe rencontre fort rarement dans le Chant Gregorien , en voicy l'Exemple.

Re, la , Fa, la, fol, fa, mi, re.

Du tranfport & changement des Clefs.

CHAPITRE XIX.

AVant que Guy Aretin euft introduit fa Gamme, il eft à croire, que les Muances ny les Clefs n'eftoient point en vfage, non plus que les Nottes, ny les voix *vt , re, mi , fa , fol , la ,* mais que l'on fe feruoit feulement des lettres que les Anciens ont nommés Clefs vniuerfelles fans lignes ny efpaces pour marquer le Chant: Ces lettres eftant les mefmes que nous auons dans la Gamme, formoient les fons differens felon leurs caracteres, ainfi que Vincent Galilei le rapporte dans fon traité de la Mufique ancienne & moderne, auec vn Exemple (comme ceux que ie vous produit par curiofité) qu'il dit auoir tiré d'vn ancien Liure, efcrit bien auant la naiffance de Guy Aretin. Exemple.

D C D F ♮   D D C F G   a G F   ♮F G F♮   D D.
fe de à dextris meis — dixit Do mi nus Do- mi no — meo.

F Ga a a a   a a a   a a   a a G F   Ga a.
Dixit Dominus Domino meo , faculorum a - men.

Autre

Autre Exemple.

dc ♮c dedc c♯a♯cdc♯ a GGG.
fit nomen do - mini be - nedic - tum in facula.

c♯cdd fee dde.
Lau-da-te pueri Dominum.

Depuis que les Nottes & les Voix furent inuentées, auec les differens Hexacordes, l'on fe feruit de lignes & d'efpaces, pour placer les Nottes, les Modernes ayant ordonné qu'il y en auroit quatre dans le Plain-chant; Ces lignes, auec les efpaces, ou entre-deux des lignes, font les fieges des nottes, qui reçoiuent leur noms des voix, ou fyllabes *vt,re,mi,fa,fol,la,* chaque degré de la Gamme faifant vn fiege different. Or comme le Chant demande quelque-fois a monter plus haut que la quatriefme ligne, ou à defcendre plus bas que la premiere, c'eft à dire, lors qu'il a plus de neuf degrez d'eftenduë, pour lors l'on tranfporte la Clef de fituation, la hauffant ou abbaiffant d'vne ligne, ou de deux, felon que le requiert le Chant, & par le mouuement de la Clef, les Nottes montent, ou defcendent fans fortir de leur place, demeurans fur la mefme ligne, ou dans le mefme efpace, & quoy qu'elles changent de degré, elles ne changent pas pourtant de fituation.

Si l'on monte la Clef d'vne ligne, la Notte defcendra de deux degrez, & fi la Clef monte de deux lignes, la Notte defcendra de quatre degrez : Et au contraire, fi l'on abbaiffe la Clef d'vne ligne, la Notte monte de deux degrez, & fi l'on l'abbaiffe de deux lignes, la Notte monte de quatre degrez, comme vous le pourrez voir par les Exemples fuiuans.

La Clef monte d'vne ligne.   La Clef monte de deux lignes.

fa,   *re.*   *fol,*   *vt.*
La Notte abbaiffe de deux degrez.   La Notte abbaiffe de quatre degrez.

La Clef defcend d'vne ligne.   La Clef defcend de deux lignes.

re,   *fa.*   *re,*   *la.*
La Notte monte de deux degrez.   La Notte monte de quatre degrez.

Le changement des Clefs se fait de la mesme façon que le transport, il n'y a point de difference, sinon que l'on pose vne Clef pour vne autre; comme au lieu de la Clef de ♮ l'on remet la Clef de ♯ ou au contraire.   Exemple.

Pour vous faire encor mieux conceuoir ce transport & changement de Clefs, voyez par l'Exemple suiuant dans les quatre lignes toute l'estenduë des dix-huit degrez, à sçauoir dés le plus graue son , iusques au plus haut qui se retrouue dans le Plain-chant. Exemple.

vt, re, mi, fa, re, mi,   fa, sol, re, mi,   fa, re,   mi. fa,   sol, re, mi, fa.

Du Solfayement , & de la connoissance des Nottes.

CHAPITRE XX.

SOlfayer est vne prononciation certaine des Nottes dans le Chant qui se fait par les six syllabes,& qui contient toute l'importance du Chant, qui consiste dans la connoissance des Nottes, des Tons, & des Semi-tons, des modes & de tout ce qui en despend.

Il est important de prendre garde sous quel genre court le Chant, de peur que pensant chanter par b. mol,l'on ne chante par ♮. quarré, ou au contraire ; du degré de b. *fa* ♮ *mi* despend la principale connoissance du solfayement, car il importe beaucoup de sçauoir quand il y faut dire *mi* , ou *fa*, comme vous l'auez veu à la Muance generale aux degrez qui sont composez de trois voix.

Quant à la connoissance des Nottes il faut considerer trois choses.

Premierement, Que depuis vne ligne iusqu'à l'espace,c'est vn degré,& au contraire,depuis l'espace à la ligne,soit en descendant, soit en montant, c'en est vn autre.

Secondement,Que l'on commence à compter sur la ligne ou est posée la Clef n'ayant iamais son siege dans l'espace, par Exemple sur la Clef de ♮ vous direz sur sa ligne c. *sol, vt, fa*, dans l'espace par dessus la ligne vous direz d.*la,re,sol*,& sur la ligne plus haut e. *mi,la*; Et si la Notte dont vous voudrez auoir la connoissance est posée plus

plus bas que la Clef, vous direz dans l'efpace par deffous la Clef
b.*fa* ♮ *mi*, fur la ligne plus bas a.*mi,la,re*,& ainfi des autres,de degré
en degré.

En troifiéme lieu, Que le Chant eft toûjours par ♮ quarré,fi ce
n'eft qu'immediatement apres la Clef, le b. mol foit appofé fur le
degré de b.*fa* ♮ *mi*, pour lors le Chant eft par b. mol , & non par ♮
quarré , & iamais ces deux genres de Chant ne fe meflent par enfemble,finon dans la Muance imparfaite,comme ie vous l'ay expliqué en fon lieu.

Ces trois chofes obferuées vous pourrez de vous-mefme apprendre à connoiftre les Nottes, ainfi que ie vais vous le montrer.

Pour fçauoir qu'elle notte eft cette-cy , il faut
en premier lieu connoiftre la Clef, qui eft celle de
c.*fol,vt,fa*,eftant appofée fur la troifiéme ligne. 2. apres cette connoiffance, comme la notte eft par deffous la Clef, en l'approchant
vous direz b. *fa* ♮ *mi* , dans l'efpace plus bas que la ligne , ou eft la
Clef,fur la feconde ligne a. *mi, la, re*, & dans l'efpace,où eft la notte
G.*re,fol,vt* ; en fuitte ayant reconnu que cette notte eft fur le degré
de G.*re,fol,vt*,vous iugerez qu'elle ne peut eftre que l'vne ou l'autre des trois voix comprifes fur ce degré , ce ne peut pas eftre vn
Re , parce qu'il n'y a point de b. mol ; c'eft donc vn *Sol*, ou vn *Vt*,
pour en faire le difcernement , il faut recourir aux regles de la
Muance.

Car fi la Notte qui
fuit defcend , ou fi elle
ne monte pas plus haut   *fol , fa , fol , mi , fol , la , fol,*
que le degré de a. *mi, la, re*, c'eft vn *Sol*.

Si apres cette Notte il en fuit
d'autres par deffus le degré de
a.*mi,la,re*,pour lors ce fera vn *Vt*.   *vt , re , vt , mi , fa , fol.*

De la neceffité qu'il y a de connoiftre ce que c'eft que Ton & Semi-ton,
pour bien chanter au Chœur.

CHAPITRE XXI.

CE n'eft pas affez pour auoir vne entiere connoiffance du
Plain-chant, de l'auoir des Nottes feulement, qui n'en font
que les fyllabes, ou les voix ; & comme il eft compofé de Tons, de

Semi-tons,& d'autres interualles, il eſt abſolument neceſſaire que ceux qui deſirent d'apprendre à le bien chanter, les connoiſſent, & qu'ils en ſçachent faire la diſtinction, pour en ſuitte les mettre en pratique. Si quelqu'vn me dit, qu'il touche ſeulement aux Theoriciens de la Muſique figurée d'en diſcourir, Ie luy reſpon-dray que s'il appartient particulierement à ceux-là d'en parler, il ne s'enſuit pas que les Chantres Choraliſtes n'en doiuent auoir la connoiſſance ; car comment eſt-il poſſible qu'vn Chantre Chora-liſte puiſſe bien entonner le Plain-chant, ſans ſçauoir la difference qu'il y a d'vn Ton, à vn Semi-ton ; cependant il ne s'en trouue que trop de ceux qui l'ignorent, qui, neantmoins auec vn peu de voix qu'ils ont, taſchent de couurir les voix des autres à force de crier,& par vne routine vicieuſe & opiniaſtre,gaſtent tout,n'ayant ny oreilles, ny meſures : & au lieu de ſuiure ceux qui y ſont plus experimentez qu'eux, contraignent & entrainent les autres mal à propos ; mais mettez les dans quelques Proſes, ou Graduels,vous verrez les beaux Tons & Semi-tons qu'ils feront. C'eſt donc auec raiſon que i'ay eſtimé qu'il falloit faire voir ce que c'eſt que Ton, non pas de la façon que l'enſeignent les Muſiciens,qui diſtinguent les Tons en Tons mineurs, & en majeurs ; en Lemma , qui ſont les Semi-tons majeurs ; en Apotomes,qui ſont les Semi-tons mineurs; en Diezes,en Comma, & en cent autres mots qui eſtourdiroient,& qui ſont tout à fait inutiles au Plain-chant , mais ſuccintement ſans embroüiller les eſprits dans toutes ces diſtinctions.

Du Ton & du Semi-ton.

CHAPITRE XXII.

GVy Aretin dit que le Ton *Eſt legitimum ſpatium inter duas voces perfectos.* C'eſt l'eſpace,ou vne diſtance meſurée,qui ſe rencontre entre le ſon graue, & l'aigu : les deux extremitez de cette diſtance meſurée forment le Ton, ou le Semi-ton, lors que cette diſtance n'eſt eſtendüe qu'à la moitié de celle qui compoſe le Ton. Ce mot de Ton eſt equiuoque comme le dit Pierre Canu-che, *Quod æquiuocum eſt ad quatuor effectus reducitur,* ſcilicet , *ad Coniunctiones, Concordantiam , Intonationes , & Tropum:* Par le mot, *Coniunctiones,*ſe doit entendre le Ton compoſé de deux ſons diffe-rens, qui eſt celuy dont il eſt icy queſtion ; *Concordantiam ,* eſt la
façon

façon de chanter diatoniquement, qui est de Ton en Ton, & Semi-
ton, estant l'vnique dont on se sert dans le Chant Gregorien, y en
ayant deux autres dans la Musique figurée, l'vne appellée Chro-
matique, l'autre Enhormonique; *Intonationes*, est celle qu'on obserue dans l'Intonation des Psalmes, & ce qui est appellé Ton du
Chœur, comme ie diray en la troisiéme partie; & finalement *Tro-*
pum, ce qui signifie les Modes, ou Tons, dont ie parleray en la seconde partie.

Dans l'Hexacorde qui est la suitte, ou le progrés des six voix,
qui sont *Vt*, *Re*, *Mi*, *Fa*, *Sol*, *La*, il y a toûjours deux Tons & vn Semi-
ton, soit que l'on commence par *Vt*, pour monter, soit que l'on
prenne le *La*, pour descendre. Depuis *Vt*, iusqu'à *Re*, c'est vn Ton,
depuis le *Re*, iusqu'au *Mi*, vn autre Ton, & dés le *Mi*, iusqu'au *Fa*,
c'est vn Semi-ton, parce que (comme ie viens de dire) la distance
qui se rencontre entre le son graue & l'aigu, n'est estendu qu'à la
moitié de celle qui forme le Ton : Semblablement en descendant
depuis le *La*, iusqu'au *Sol*, c'est vn Ton, dés le *Sol*, iusqu'au *Fa*, vn
autre Ton, & dés le *Fa*, au *Mi*, vn Semi-ton. Exemple.

Ton, Ton, Semi-ton, Ton, Ton, Ton, Ton, Semi-ton, Ton, Ton.

vt, re, re, mi, mi, fa, fa, sol, sol, la, la, sol, sol, fa, fa, mi, mi, re, re, vt.

Depuis le degré de a.*mi, la, re*, iusqu'à celuy de b.*fa* ♮.*mi*, ce n'est
qu'vn Semi-ton lors que l'on y dit *Fa*, s'entonnant comme *Mi*, *Fa*.

Exemple.

Semi-ton.   Semi-ton.

la,   fa,   fa,   la.
mi,   fa,   fa,   mi.

De l'Interualle.

CHAPITRE XXIII.

CE mot Interualle, comprend en soy tous les sons differens,
qui se rencontrent entre les deux extremitez de ces mesmes sons; à sçauoir entre le plus profond abbaissement, & la plus
haute eleuation, ce qui me fait dire que l'Interualle en general, est
l'Espace, ou la Distance non mesurée, qui se retroue entre le son
graue, & le son aigu, & quand cette distance est mesurée à vne
certaine

certaine extenſion de ſon, cette diſtance meſurée forme les eſpeces differentes des Interualles, en telle ſorte que ſi cette extenſion eſt reſſerrée, elle compoſe les moindres Interualles, comme le
Semi-ton, & le Ton, & quand elle ſe dilate dauantage elle forme
les Interualles plus eſloignés. Il y en a qui ont crû que l'Interualle
& le Ton, eſtoit vne meſme choſe, cependant il y a bien de la difference ; tous les Tons ſont Interualles, mais tous Interualles ne ſont
pas Tons, d'autant que la diſtance qui eſt entre les deux ſons qui
forment le Ton, eſt vne diſtance meſurée, & celle de l'Interualle
en general ne l'eſt pas, comme depuis *Vt* iuſqu'à *Re*, c'eſt vn Ton,
& pour faire vn autre Ton comme dés le *Re* au *Mi*, il faut que la
diſtance qui eſt entre ce *Re* & ce *Mi*, ſoit eſgale à celle qui eſt depuis l'*Vt* iuſqu'au *Re* ; c'eſt à dire, qu'il ne faut pas plus de diſtance
d'vn ſon à vn autre, pour former le Ton, qui eſt depuis l'*Vt* au *Re* ;
qu'il en faut pour celuy, qui eſt depuis le *Re* au *Mi* : que ſi la diſtance eſtoit plus eſtenduë, il y auroit plus d'vn Ton, ou ſi elle l'eſtoit
moins, le Ton ne ſeroit pas entier ; Il n'eſt pas de meſme des autres
Interualles, parce qu'il n'eſt pas conuenable d'y garder cette diſtance eſgale, ou meſurée, d'autant que pour compoſer les autres
Interualles, il faut vne plus grande extenſion de ſon, comme depuis
l'*Vt* iuſqu'au *La*, il faut que la diſtance ſoit trois fois & demy plus
eſtenduë, que celle qui forme le Ton ; il en eſt de meſme de tout
les autres Interualles, les vns eſtans compoſez de deux Tons, les
autres de deux & demy, & d'autres de bien dauantage, comme
vous le verrez par le denombrement des Interualles, au Chapitre
ſuiuant.

Denombrement des Interualles.

CHAPITRE XXIV.

LEs Muſiciens diſtinguent quinze eſpeces d'Interualles meſu-
rés, & dauantage. Pour moy, ie n'en trouue dans le Plain-chant
que de dix eſpeces ; La premiere s'appelle *Vniſſon*, qui n'eſt pourtant Interualle, que de la meſme façon que l'vnité eſt nombre,
c'eſt à dire, le commencement & le principe des Interualles. La
ſeconde eſpece, eſt le *Semi-ton.* La troiſiéme, le *Ton.* La quatriéme,
Semiditon. La cinquiéme, *Diton.* La ſixiéme, *Diateſſaron.* La ſeptiéme, *Diapenté.* La huitiéme, *Semi-ton auec Diapenté.* La neuſiéme,
Ton auec Diapenté. Et la dixiéme, *Diapazon.*

VNISSON

VNISSON I.

George Rhau parlant de l'Vniſſon dit que *Eſt fundamentum aliorum modorum, & ſemper manet immobilis*; c'eſt vn ſon immobile qui n'approche ny du graue ny de l'aigu. On le remarque, lors que l'on repete la meſme voix ſur vn meſme degré, comme *vt, vt, vt, re, re, re,* ou autres voix. Exemples.

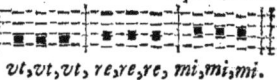

vt, vt, vt, re, re, re, mi, mi, mi.

II.

Semi-ton, eſt quand on va du *Mi* au *Fa*, ou du *Fa* au *Mi*, d'vn degré ſeulement, ou bien quand on dit *La*, en a. *mi, la, re,* & *Fa*, en b. *fa*, ♯. *mi*, qui vaut autant que ſi l'on diſoit *Mi, Fa*.

mi, fa, fa, mi, mi, fa, fa, mi, la, fa, fa, la.

III.

Ton, eſt quand on monte de l'*Vt* au *Re*, du *Re* au *Mi*, du *Fa* au *Sol*, du *Sol* au *La*, ou quand l'on deſcend du *La* au *Sol*, du *Sol* au *Fa*, du *Mi* au *Re*, ou du *Re* à l'*Vt*. Exemple.

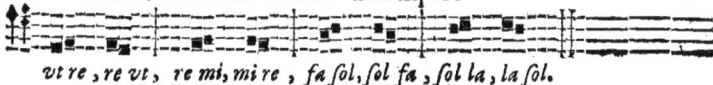

vt re, re vt, re mi, mi re, fa ſol, ſol fa, ſol la, la ſol.

IV.

Semi-diton, eſt ce que l'on nomme Tierce mineure, compoſée d'vn Ton, & d'vn Semi-ton, il y en a de deux eſpeces, l'vne du *Re* au *Fa*, l'autre du *Mi* au *Sol*.

re fa, fa re, mi ſol, ſol mi.

V.

Diton, eſt vne Tierce majeure, compoſée de deux Tons, comme dés l'*Vt* au *Mi*, & dés le *Fa* au *La*. Exemple.

vt mi, mi vt, fa la, la fa.

VI.

Diateſſaron, eſt vn Quarte compoſée de deux Tons & vn Semi-ton; il y en a de trois ſortes, la premiere depuis l'*Vt* au *Fa*, la ſeconde dés le *Re* au *Sol*, & la derniere dés le *Mi* au *La*.

vt fa, fa vt, re ſol, ſol re, mi la, la mi.

VII.

Diapente, eſt vn Quinte compoſée de trois Tons, & vn Semi-ton, il y en a de quatre eſpeces, l'vne depuis l'*Vt* au *Sol*, la ſeconde depuis le *Re* au *La*, la troiſiéme depuis vn *Mi* à vn autre *Mi*, & la derniere dés vn *Fa* à vn autre *Fa*. Exemple.

E

vt fol, fol vt, re la, la re, mi mi, mi mi, fa fa, fa fa.

VIII.

Semi-ton auec Diapente, eſt vne ſixiéme mineure, compoſée de trois Tons, & deux Semi-tons ; il s'y en trouue en trois lieux differens. Exemple.

re fa, fa re, mi fa, fa mi, mi fol, fol mi.

IX.

Ton auec Diapente, eſt vne ſixiéme maieure, compoſée de quatre Tons & vn Semi-ton : comme elle ſe rencontre fort rarement dans le Plain-chant, ie n'en mettray icy que d'vne eſpece, qui eſt depuis l'*Vt* au *La*.

vt la, la vt.

X.

Diapazon eſt vne Octaue compoſée de cinq Tons, & deux Semitons ; il y en a de ſept eſpeces. Exemple.

Il s'y rencontre encor vn certain Interualle dans le Plain-chant, (mais fort rarement) que les Muſiciens nomment *Semiditon auec Diapente*, qui eſt vne ſeptiéme ; ſe ne l'ay pas voulu mettre au rang des autres, parce qu'elle ne ſe retrouue qu'en cinq ou ſix lieux, dans nos liures de Plain-chant, à ſçauoir, dans les Proſes *Veni ſanĉte Spiritus*, *Superna matris*, & *Triumphali*, qui eſt celle de nos Patrons SS. Ferreol & Ferruce, & dans le premier Reſpons du Vendredy apres l'Aſcenſion, comme aux Exemples ſuiuans.

Dans la Proſe *Veni ſanĉte Spiritus.*   Dans la Proſe *Superna.*

Ni hil eſt innoxium. Laua quod.   *Meriti ſe mota.*

Dans la Proſe *Triumphali.*   Dans le Reſpons du Vendredy apres l'Aſcenſ.

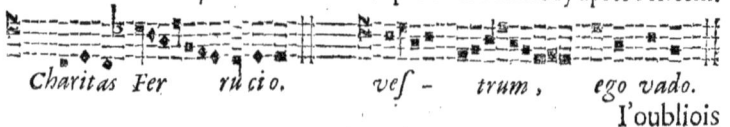

Charitas Fer ru ci o.   *veſ - trum, ego vado.*

l'oubliois

J'oubliois de parler d'vn autre Interualle, qui eſt deffendu dans
le Plain-chant ; il eſt compoſé de trois Tons ; c'eſt pourquoy il eſt
appellé Triton ; il n'y en a que d'vne eſpece dans le Chant Gregorien, qui eſt depuis F.*vt fa*, iuſqu'au *Mi* de b.*fa*,♮.*mi.* I'en donne icy
l'Exemple, afin que vous l'éuitiez.

Quand vous rencontrerez cet Interualle, il faut
éuiter le *Mi* de b.*fa*,♮.*mi*, & dire toûjours *Fa* ſur
fa mi, mi fa.   ce degré, comme vous auez pû voir au Chap. 18.
quand i'ay parlé de la Muance imparfaite.

Voicy vn Chant en façon d'Antienne que i'ay tiré de Glarean,
qui eſt merueilleux pour faire voir tous les Interualles dont ie viens
de parler, à la reſerue du *Semiditon* auec le *Diapente* qui eſt la
ſeptiéme, à cauſe qu'il eſt trop difficile de l'entonner, & qu'elle ſe
rencontre fort rarement ; Ie vous produis ce Chant, dans l'aſſeu-
rance que ie vous donne, que ſi vous apprenez bien à l'entonner,
vous n'aurez pas vne grande difficulté au reſte du Chant.

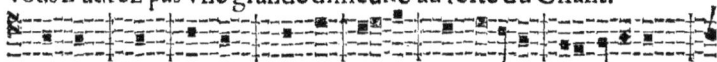

Decem ſunt modi, quibus omnis Cantilena contexitur:

ſcilicet Vniſonus, Semitonium, Tonus, Semiditonus, Ditonus,

Diateſſaron, Diapente, Semitonium cum Diapente, Tonus cum

Diapente, Ad hos ſonat Di - a - paſon. Si quem delectat pſallere,

hos modos eſſe cognoſcat.

Pour apprendre à bien entonner tous les Interualles.

CHAPITRE XXV.

QVand vous ſçaurez bien entonner *Vt, Re, Mi, Fa, Sol, La*, &
diſtinguer le Ton d'auec les Semi-ton, vous pourrez apprendre de vous meſme à entonner tous les Interualles. Pour en venir
à bout auec facilité, il faut entrer pas à pas dans les Interualles, ie
veux dire de degré à degré ; Par exemple, pour entonner vn Inter-

ualle de trois degrez qui eſt vne Tierce, comme *Vt* , *Mi* , vous ſup-
poſerez la ſyllabe *Re* au milieu, diſant *Vt, Re, Mi,* & en ſuite *Vt, Mi;*
Vous en ferez de meſme au regard de tous les autres Interualles,
ainſi que vous pourrez le remarquer par les Exemples cy apres
qu'il faut repeter ſouuent pour ſe les inculquer fortement dans la
memoire.

Exemple de l'Interualle de trois degrez, qui eſt le *Diton,* & *Semiditon,* ou Tierces.

Vt, re, mi , Vt, mi, Re, mi, fa , Re , fa , Mi, fa, ſol, Mi, ſol, Fa, ſol, la,

Fa , la, Sol, la , fa , Sol, fa , Re , mi , fa , Re , fa , Vt, re , mi , Vt , mi,

Fa, mi, re, Fa, re, Mi, re, vt, Mi, ſol , La, ſol, fa , La, fa , Fa, la, ſol,

Fa, ſol, Sol, fa, mi , Sol, mi , Fa, mi, re , Fa, re , Mi, re , vt , Mi, vt.

Exemple de l'Interualle *Diateſſaron* , nommé Quarte.

Vt, re, mi, fa , Vt, fa, Re, mi, fa, ſol, Re, ſol, Mi, fa, ſol, la , Mi, la,

Fa, ſol, la , fa , Fa , fa , Sol, re, mi, fa , Vt, fa, Re, mi, fa , ſol , Re, ſol,

Sol, fa, mi, re, Sol, re , Fa, mi, re, vt, Fa, ſol , Fa , la, ſol, fa , Fa, fa,

La, ſol, fa, mi , La, mi, Sol, fa, mi, re, Sol, re , Fa, mi, re, vt , Fa, vt.

Exemple de l'Interualle *Diapente* nommé Quinte.

Vt, re, mi, fa, ſol , Vt: ſol, Re, mi, fa, ſol, la, Re, la, Mi, fa, ſol, re, mi, Mi, mi,

Fa,sol,re,mi,fa , Fa,fa , Vt,re,mi,fa,sol , Vt,sol, Sol,fa,mi,re,vt , Sol,vt,

Mi,la,sol,fa, mi, Mi,mi , Fa,mi,la,sol,fa , Fa,fa, La,sol,fa,mi,re,La,re,

Sol, fa, mi, re, vt, Sol, vt.

Exemple de l'Interualle composé de six degrez nommé sixiéme.

Vt,re,mi,fa,sol,la,Vt,la, Re,mi,fa,sol,la,fa,Re,fa, Mi,fa,sol,re,mi,fa, Mi,fa.

Exemple de l'Interualle *Diapazon*, nommé Octaue.

Vt , re, mi, fa, sol,re,mi, fa , Vt,fa, Sol,fa,mi,la,sol,fa,mi,re , Sol,re,

Mi,fa,sol,re, mi,fa,sol, la , Mi, la, Fa, la, sol,fa, mi,la,sol,fa, Fa,fa.

Autre Exemple des mesmes Interualles.

Vt mi, Re fa, Mi sol, Fa la , Sol fa , Re fa, Mi sol, Sol mi, Fa re,Mi vt,

Fa la , Fa sol, La fa, Sol mi, Fa re, Mi vt. Vt fa, Re sol,Mi la, Fa fa,

Sol fa, Re sol, Sol re, Fa sol, Fa fa , La mi, Sol re, Fa vt, Vt sol, Re la,

Fa fa, Vt sol, Sol vt, Fa fa, La re, Sol vt, Sol mi, Mi mi.

Celuy qui sçaura bien entonner ces Interualles, pourra de soy-mesme s'apprendre à chanter, & auec vn peu d'vsage, il se rendra capable de frequenter vtilement le Chœur.

E 3

Pour appliquer les paroles auec les Nottes.

CHAPITRE XXVI.

I'Ay dit au troifiéme Chapitre qu'il y a de trois fortes de Nottes, qui font la Simple, la Mediocre, & la Compofée.

La Notte fimple, & la Notte mediocre, demandent chacu'vne leur fyllabe comme en cet Exemple.

Dominus.

Et la compofée admet deux ou plufieurs Nottes pour vne fyllabe, n'y ayant point de nombre deter-miné. Exemple.

Al - le - lu i a.

Quelquefois l'on ceffe pour la beauté de la fuite des Nottes, de lier toutes les compofées par enfemble, cette deliaifon de Not-tes n'augmente point les fyllabes ; & quand il y en auroit cinq ou fix détachées, on les chanteroit toutes fous vne mefme fyllabe, & mefme l'on y mefle fouuent la fimple auec vne queuë, apres la-quelle l'on met deux, ou plu-fieurs mediocres qui toutes ne fôt qu'vne fyllabe.Exemple.

Qui funt is - ti.

Il fe rencontre par fois deux ou trois Nottes fimples fur vn mefme degré, qui ne gouuernent qu'vne fyllabe. Exemple.

Is ti funt tri um phato - res.

Les nouueaux Notteurs ont iugé que ces Nottes eftoient inuti-les ; pource dans leur liures on n'y en voit plus, les ayant toutes re-tranchées.Ils fe font contentez de mettre vne Notte fimple,ou vne mediocre fur chaque fyllabe ; mais dans les vieux liures de noftre Rite,il n'en eft pas de mefme,car on y rencontre fort fouuent trois ou quatre Nottes fimples, fur vn mefme degré, qui ne gouuernent qu'vne feule fyllabe, comme vous le voyez à la fyllabe *funt*.

Pour moy ie fuis de mefme fentiment que ees Notteurs,eftimant que ces Nottes font abfolument inutiles, & partant lors que vous en rencontrerez, il les faut obmettre à la referue d'vne qui gou-uernera la fyllabe. Exemple.

Is ti funt tri um pha to res.

Lors

Lors que vous voudrez chanter les paroles souz les Nottes, il faut deuant toute chose sçauoir bien entonner, principalement les Interualles esloignés, cela estant vous prendrez tout au commencement quelques Chants faciles, comme Antiennes ou Introites, desquels vous entonnerez deux ou trois Nottes, & en suite vous direz les paroles au son de ces Nottes, comme en cet Exemple d'vne Antienne.

Fa, la. Esto- Fa, la, sol. Esto te La, sol, fa. fortes in

Exemple d'vn
Introite.

Sol, fa, re. bello. Vt, re. Gaude-

Re, la, fa, la. a- mus La, la, sol. omnes Fa, re in Re. sol, mi.

Do- Re, mi, fa, mi. o Fa, fa, mi. mi no.

Apres auoir chanté quelque peu de temps de cette sorte, vous reprendrez le Chant de cinq ou six Nottes. Exemple.

Re, vt, re, fa, mi, re, re, vt. Sede à dextris me is. Fa, sol, la, sol, fa.

Dixit Dominus, Mi, fa, sol, fa, mi, re, re. Do- mi no me o.

Cette façon est tres-facile pour s'apprendre de soy-mesme, & quand on l'aura pratiquée quelque temps, l'on pourra en dire dauantage. Il faut en ce rencontre faire comme les enfans qui apprennent à marcher, quand vous aurez appris à bien entonner vn mot, vous en direz deux, trois, puis quatre, & en suite vne ligne.

De

De l'obseruation de la quantité dans le Chant.

CHAPITRE XXVII.

LEs vieux Liures dont on se sert dans ce Diocese, qui sont pour la pluspart nottés sont passés trois cens ans, m'obligent à faire ce Chapitre, la quantité de la diction Latine n'y estant nullement obseruée, comme elle l'est dans les liures de Plain-chant que l'on imprime aujourd'huy, dans lesquels il n'y a pas vne Notte superfluë, dans l'obseruance ponctuelle que l'on y a faite de la quantité.

Dans les nostres il s'y rencontre à chaque page quelques fautes contre la quantité, comm'aussi beaucoup de Nottes inutiles, du retranchement desquelles ie vous parleray au Chapitre suiuant.

Pour apprendre donc à garder la quantité dans nos vieux Liures, il faut obseruer les Regles suiuantes.

I. Quand sur la syllabe qui doit estre brefue il y aura deux Nottes, ou dauantage, pour lors il faudra joindre toutes ces Nottes à la syllabe qui precede la brefue, à la reserue de la derniere.

Exemple de la syllabe longue qui doit estre brefue.   *Domi-nus.*   il faut dire   *Do-minus.*

Vous voyez que joignant les deux premieres Nottes des trois qui sont soûs la syllabe *mi* du mot *Dominus,* à la syllabe *Do,* la quantité y est obseruée.

II. Lors que la syllabe brefue contient deux Nottes, & que la Notte de la syllabe qui precede immediatement la brefue, est sur le mesme degré, comme en ces Exemples.

Fide li- a.   *Nos qui viuimus.*   *Depo su it.*   *Dominus.*

Pour lors il faut dire les deux Nottes de la syllabe brefue, sur la syllabe qui la precede, & adjoûter vne Notte sur le degré de la syllabe qui la suit, qui seruira pour la syllabe brefue. Exemple.

Fi de li a.   *Nos qui viuimus.*   *Depo su it.*   *Dominus.*

III. Il y a des mots de cinq syllabes, que la seconde & la quatriéme sont brefues, qui sont faites longues dans nos liures, quand ils se

rencon

rencontrent il faut se seruir des deux premieres regles. Exemple.

non domi-na bi tur. il faut dire *non do mi na-bitur.*

IV. Quand la syllabe brefue à trois Nottes, & que la Notte de la syllabe apres la brefue, est sur le mesme degré que la derniere des trois Nottes de la brefue ; pour lors on obmet la Notte qui precede les composées, & l'on desioint la derniere Notte des trois composées, qui sert pour la syllabe brefue. Exemple.

Do mi- ne. Il faut dire *Do.- mi ne..*

Que si les trois Nottes de la brefue montent, il les faut dire toutes trois sur la precedente syllabe, & adioûter vne Notte pour la brefue, sur le degré qui suit immediatement apres ; comme il se voit dans le premier Respons des Calendes d'Aoust. Exemple.

fa ce- ret.. il faut dire *fa- ce ret.*

V. Lors que sur la syllabe brefue il y a quatre ou cinq Nottes, ou dauantage, il les faut toutes joindre à la syllabe qui precede la brefue, à la reserue de la derniere Notte, qui seruira pour la brefue. Exemple.

Do- mi – nus.. il faut dire *Do- mi nus.*

VI. Sur la syllabe brefue, il faut toûjours y supposer vne Notte mediocre : & sur l'antecedente syllabe y supposer vne Notte simple auec la queuë, qui denote qu'il la faut tenir vn peu plus longue que les autres, soit que la Notte soit composée, soit qu'elle soit mediocre.. Exemple..

longue. longue. longue.

Ste- phane. *Do- mi nus.* *Glo ri a.*

Vn peu de pratique vous rendra sçauans en cette matiere..

F

Des Nottes inutiles qui se rencontrent dans les vieux Liures,
& la façon de les retrancher.

CHAPITRE XXVIII.

IL est presque impossible de vous donner des Regles infaillibles,
pour bien retrancher toutes les Nottes inutiles, qui sont dans
nos vieux Liures, à moins que de faire vn traité particulier qui
tiendroit la moitié de celuy-cy : Aussi est-ce plustoft le deuoir
d'vn Compositeur, que celuy d'vn Choraliste, & pour le plus court,
il seroit bien à propos que l'on les fit corriger par vn Compositeur
sçauant : Neantmoins ie tascheray de vous en donner en ce Chapitre quelques connoissances, afin que vous puissiez remarquer où
elles sont, pour les éuiter & les retrancher auec iugement, & ne pas
faire comme ceux, qui à chaque ligne (cherchant la briefueté) se
meslent de les retrancher , & qui dés aussi-tost qu'ils en voyent
sept ou huit, soûs vne syllabe, en saultent & retranchent la moitié,
ce qui est tres-absurde, d'autant plus qu'il faudroit que ceux qui
chantent auec eux, pour s'accorder ensemble, eussent leur mesme
pensée pour en retrancher tout autant qu'eux : voyons donc où
legitimement on en peut retrancher.

Tout le Plain-chant a esté diuisé en deux Tomes, l'vn que l'on
appelle Graduel, l'autre Antiphonaire. Le Graduel comprend les
Introits, les Graduels, les Alleluia, les Proses, les Tracts, les Offertes,
les Postcõmunes, les Kyrie eleison, les Gloria in excelsis, les Sãctus,
les Agnus, & generalement tout ce qui est chanté à la Messe.

L'Antiphonaire contient les Antiennes, les Psalmes, les Hymnes, les Respons, & generalement tout ce qui est chanté aux Matines, aux petites Heures, & aux Vespres, excepté les Alleluia, &
les Proses, que l'on chante aux secondes Vespres des Doubles, qui
sont tirés du Graduel.

Dans l'Antiphonaire ie n'ay pas remarqué qu'il y ait beaucoup
à retrancher, sinon dans quelques Respons, principalement à ceux
des Matines du iour de la tres-sainte Trinité , & de la feste Dieu,
où il y a plus à retrancher qu'à tout le reste ; c'est sans doute que
ces Respons ont esté composés bien apres les autres, & que ceux
qui les ont composés, soit par bizarreries, ou autrement, n'ont pas
voulu suiure entierement l'ordre, qui est obserué dans les autres.

Par

Par la recherche curieufe que i'ay faite dans l'Antiphonaire, ie n'ay remarqué que vingt Refpons, où il faille retrancher, par deffus ceux dont ie viens de parler, excepté toutefois ceux des Feftes, & Patrons des Eglifes particulieres, & fondations anciennes dans ce Diocefe, qui auront efté compofés en diuers temps.

Dans le Graduel, il y a bien plus à faire, & hors des Introits, & Poftcommunes, où il y a peu à retrancher, tout meriteroit d'eftre corrigé.

Pour commencer, Ie vous diray qu'il y a de deux fortes de Nottes inutiles : les vnes que i'appelle Nottes de confufion, les autres Nottes de repetition.

Celles de confufion fe rencontrent quand il y en a trente, quarante, & dauantage fous vne mefme fyllabe.

Celles de repetition, quand l'on repete la mefme chofe, ou approchant de ce que l'on a defia dit.

Exemple pour retrancher les Nottes de confufion.

Quand l'on trouue des Nottes par confufion, il en faut dire cinq ou fix fur la fyllabe où elles font, & quelquefois dauantage, felon qu'il en faut, pour tomber fur la fyllabe qui fuit, & de ces cinq ou fix Nottes, vous en direz les deux ou trois premieres des confufes, comme elles font marquées, ou approchant, fautant toutes les autres, excepté les deux ou trois dernieres, que vous ioindrez aux premieres, en forte que vous puiffiez tomber fur la fyllabe qui fuit celle où font les Nottes de confufion, comme vous pouuez remarquer dans les trois Exemples fuiuans, où vous verrez des Nottes de confufion au commencement d'vn Chant, d'autres au milieu, & d'autres à la fin.

Exemple des Nottes de confufion quand elles font
au commencement du Chant.

Ec   *ce iam.*

Il faut
dire

Ec   *ce iam.*

Exemple des Nottes de confufion quand elles font
au milieu du Chant.

pro ce∫-   *∫it.*

Il faut
dire

pro cef- fit.

Quand les Nottes font à la fin du Chant. Exemple.

al -   *mus.*

Il faut
dire

al -   *mus.*

Exemple pour retrancher les Nottes de repetition.

Aux Nottes de repetition, il faut en vfer de la mefme forte qu'à celles de confufion, quand la repetition n'eft pas entiere, & qu'elle eft imparfaite, ou quand elle eft double, comme il fe voit au Refpons des Vierges, au mot *lampadibus*, où telles repetitions approchent à celles de confufion ; mais quand la repetition eft entiere & parfaite, c'eft à dire, quand on repete les mefmes Nottes, qui ont efté defia dites, comme il fe voit à la fin du Refpons *Circumdederunt* aux mots *ad te iugiter*, pour lors il faut dire toutes les Nottes iufques à la repetition que l'on obmet. Exemples.

Repetition imparfaite & double.

Lampa -   *dibus.*

Il faut
dire

Lampa -   *dibus.*

Repetition entiere & parfaite.

ad   *te iu giter.*

Il faut
dire

ad   *te iu - giter.*

Le plus qui eft a retrancher, c'eft aux Graduels que l'on chante apres l'Epiftre, que l'on nomme improprement Refpons. Il y en a peu qu'il n'y ait des Nottes, ou de confufion, ou de repetition, & quelquefois de deux fortes, principalement dans leurs verfets, comme il fe voit dans le verfet du Graduel des Morts, où il y a des Nottes de confufion & de repetition. Exemple.

eo -   *rum.*

Il faut
dire

eo -   *rum.*

Il y a peu de verfets des Graduels de ce Mode, qu'il n'y ait a retrancher à cet endroit.

Dans le verfet du Graduel *Timete Dominum*, les deux premiers
mots *Inquirentes autem*, doiuent eftre retranchez. Exemple.

In - qui ren - tes   *au -*

tem.

Il faut
dire

In - qui ren - tes   *au*   *tem.*

Vne grande partie de ceux de ce Mode, à vn pareil deffaut.

Ie vous marqueray encor quelques Exemples des Nottes de
confufion & de repetition, qui fe rencontrent dans vn mefme
Chant, tant au Neume des *Alleluia*, comm'aux Tracts & Offertes.

Le Neume des *Alleluia*, pour l'ordinaire eft de confufion meflé
de repetition; Il eft neceffaire d'y retrancher prefque à tous, mais
d'vne façon differente de celle dont ie viens de parler, d'autant
que ce retranchement ne fe fait pas fi court que l'autre, parce que
le Neume doit eftre compofé de quinze ou vingt Nottes pour le
moins. Exemple.

Al le- lu- i a.   Neume.   Repetition.

Il faut faire le Neume
de cette forte.   Neume.

Aux Verfets des *Alleluia*, aux Tracts, & aux Offertes, le retranchement fe fait de mefme façon qu'aux Graduels.

Exemple du Verfet de l'*Alleluia*, *Surrexit.*

il faut
dire

A ue   *te.*   *A -ue*   *te.*

Exemple du Tract *Gaude Maria.*

Qua Gabrie-   *lis.*

Il faut
dire.

Qua Gabrie-   *lis.*

Apres vous auoir donné vne entiere connoissance des Elements
du Plain-chant, de la Gamme, des Voix, des Clefs, des trois Genres
du Chant, des Muances, des Interualles, & enfin de tout ce qui est
necessaire pour apprendre à fond le Chant Gregorien ; Ie vais
vous produire vne petite methode toute nouuelle, qui vous ap-
prendra en fort peu de temps à connoistre toutes les Nottes, & qui
vous donnera asseurément vne tres-grande facilité pour conceuoir
tout ce qui est porté dans cette premiere partie, à laquelle methode pourtant vous ne deuez pas vous arrester absolument, d'autant
qu'elle ne suffit pas pour vous donner la connoissance necessaire
qu'il faut pour les deux parties qui suiuent, qui font vne suitte de la
premiere.

CHAPITRE XXIX.

Methode nouuelle qui enseigne à connoistre toutes les Nottes du Chant
dans bien peu de temps, sans recourir à la Gamme ny aux Muances.

APres auoir supposé (comme tout le monde en tombe d'accord) que, qui sçait entonner vne Octaue de suitte ne trouue
point de difficulté dans tous les autres Tons, parce qu'ils ne font
que la repetition de cette Octaue, d'autant qu'apres sept degrés,
l'on considere le huitiéme comme le premier, il ne sera pas difficile
de lire toute sorte de Chant, si l'on obserue les Regles suiuantes.

. 1. Il faut retrancher *Vt*, & *La*, des six voix, & n'en retenir que
Re, Mi, Fa, Sol. Les voix *Re, Mi, Fa,* font les trois principales, ausquelles la voix *Sol* est adjointe.

2. Ie n'admets que deux Clefs, celle de F. *vt, fa,* & celle de c. *sol,*
vt, fa, sur lesquelles l'on dit toûjours *Fa.*

3. Le *Fa* que i'introduits sur la Clef de F. *vt, fa,* est nommé *Fa*
maieur, & celuy de l'autre Clef *Fa mineur.*

4. Quand on monte il y a tousiours *Re, Mi,* deuant chaque *Fa,*
en retrogradant, le *Mi* estant immediatement sous le *Fa,* & le *Re*
sous

fous le *Mi*, tellement qu'en montant vous direz *Re*, *Mi*, *Fa*, & en defcendant *Fa*, *Mi*, *Re*.

5. Deffus chaque *Fa* la Notte qui fuit en montant eft toûjours ou *Sol*, ou *Re*.

Apres le *Fa maieur* c'eft vn *Sol*, & apres le *Fa mineur* c'eft vn *Re*, en forte que fi la Clef eft celle de F.*vt*, *fa*, qui eft la Clef du *Fa maieur*, vous direz en montant *Fa*, *Sol*, *Re*, *Mi* : & fi c'eft la Clef de c.*fol*, *vt*, *fa*, qui eft celle du *Fa mineur*, vous direz *Fa*, *Re*, *Mi*, ainfi vous pourrez monter à l'infiny, car apres que vous aurez dis *Fa*, *Sol*, *Re*, *Mi*, vous direz *Fa*, *Re*, *Mi*, ou fi vous commencez fur le *Fa mineur*, difant *Fa*, *Re*, *Mi*, vous direz apres *Fa*, *Sol*, *Re*, *Mi*, ce qui acheuera les fept degrez, & apres vous recommencerez.

Exemple du *Fa maieur*.   Exemple du *Fa mineur*.

Fa, *fol*, *re*, *mi*.   *Fa*, *re*, *mi*.

Exemple de l'Octaue entiere   Exemple de l'Octaue entiere
qui commence par le   qui commence par le
Fa maieur.   *Fa mineur*.

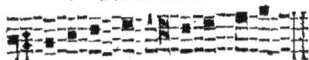   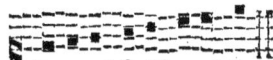

Fa fol, *re*, *mi*, *Fa*, *re*, *mi*, *fa*.   *Fa*, *re*, *mi*, *fa*, *fol*, *re*, *mi*, *fa*.

6. Ayant connu quand il faut dire *Fa*, *Sol*, ou *Fa*, *Re*, pourueu que vous ayez la Clef pour connoiftre vn feul *Fa*, vous fçaurez d'abord toutes les autres Nottes, car s'il faut dire *Fa*, *Re*, vous direz en montant *Fa*, *Re*, *Mi*, *Fa*; que fi vous voulez paffer outre apres ce dernier *Fa*, ou direz *Sol*, parce que vous aurez dit *Re* apres le premier *Fa*, comme ie le marque icy.

1. 2. 3. 4. 5. 6. 7. 8. 9. 10. 11. 12. 13. 14. 15.
Fa, *re*, *mi*, *Fa*, *fol*, *re*, *mi*, *Fa*, *re*, *mi*, *Fa*, *fol*, *re*, *mi*, *Fa*.

7. Le mefme fe doit obferuer en defcendant, car apres *Mi* ou vous direz *Re*, *Sol*, ou *Re*, *Fa*.

Vous direz *Re*, *Sol*, en defcendant, apres le *Fa mineur*, c'eft à dire, quand on defcend dés la Clef de c.*fol*, *vt*, *fa*.

Et *Re*, *Fa*, en defcendant apres le *Fa maieur*, qui refide fur la Clef de F.*vt*, *fa*.

Exemple du *Re Sol*, en defcen-   Exemple du *Re Fa*, en defcendant dés le *Fa mineur*.   dant dés le *Fa maieur*.

fa, *mi*, *Re*, *Sol*.   *fa*, *mi*, *Re*, *Fa*.

Cette

Cette defcente fe pourra faire à l'infiny ainfi qu'à la montée; car apres que voûs aurez dis *Fa,Mi,Re,Sol,*vous direz *Fa,Mi,Re,Fa,* & apres *Fa,Mi,Re,Fa,*vous recōmencerez *Fa,Mi,Re,Sol.* Exemple.

1. 2. 3. 4. 5. 6. 7. 8. 9. 10. 11. 12. 13. 14. 15.
Fa , mi , re , fol, Fa, mi , re , Fa, mi , re , fol , Fa , mi , re , Fa.

Voyez-en les Exemples en pratique.

Exemple pour monter depuis le *Fa maieur.*

Fa, fol, re, mi ,   *Fa, re, mi ,*   *Fa, fol, re, mi, Fa.*

Exemple pour defcendre.

Fa, mi, re, fol, Fa, mi, re,   *Fa, mi, re, fol, Fa, mi, re,*   *Fa, mi, re.*

8. Comme il fe rencontre par fois dans le Plain-chant vn petit *b.* qu'on appelle *b.mol,*que i'ay nommé Clef, il s'y fait vn changement, ou plûtoſt ce *b.mol* aneantit les autres Clefs, d'autant que lors qu'il eſt marqué au commencement des lignes, il ne faut plus fe regler aux autres Clefs, encor qu'elles foient marquées, & ne les pas plus confiderer que fi elles n'y eſtoient pas.

9. Au degré donc où fe trouuera ce *b. mol ,* foit fur la ligne, foit dans l'eſpace, l'on y dira toûjours *Fa,* qui fera fuiuy en montant du *Sol,* ainfi que le *Fa maieur ,* & s'obferuera tout de mefme dans la fuite des degrez, tant en montant qu'en defcendant.

Exemple en montant.   Exemple en defcendant.

Fa, fol, re, mi, Fa, re, mi, Fa ,   *Fa, mi, re, Fa, mi, re, fol , Fa.*

Autre Exemple.

Fa, fol, re , mi, Fa ,   *Fa, mi, re, fol, Fa, mi , re , fa.*

Voila toute cette methode fi ce n'eſt qu'il eſt encor a remarquer qu'il faut auoir dans la penfée les Nottes qui peuuent eſtre entre les Tierces, Quartes, & Quintes. Exemple.

Il faut auoir *Mi, Re,* dans la penfée qui font entre le *Fa* & le *Sol.*   Entre ces deux *Fa,* le *Re* & le *Mi* doiuent eſtre dans la penfée.

Fa, fol.   *Fa, fa.*

Exemple de l'Offerte *Beata es Virgo.*

il faut dire

Vir   *go.*   *Vir-*   *go.*

SECONDE PARTIE
DES MODES.

Definition du Mode, ou Ton.

CHAPITRE I.

Es Modes font comme la fource de toute la diuerfité, & de toute l'harmonie qui fe retrouue dans le Chant, ils y font le mefme effet que le iufte mélange des couleurs fait à la peinture ; c'eft ce que dit le Pere Kircher *De Modis Muficis*, liure 3. chap. 15. *Sunt autem Modi totius harmoniæ varietatis caufa, & origo; & funt idem quod in picturis apta colorum difpofitio & membrorum legitima proportio.*

Le Mode generalement pris fignifie la forme & la mefure, ou la façon que nous apportons à ce que nous faifons : c'eft vn rapport d'vne certaine mediocrité ou moderation de l'action ; & cette mediocrité ou moderation n'eft autre chofe qu'vne maniere, ou vn ordre determiné & formel, par lequel la chofe a vn autre eftat qu'elle n'auroit dans fon eftre, par la vertu de la proportion qui fe rencontre en elle. Voila ce que dit Zarlin dans la quatriéme Partie de fon Inftitution harmonique chap. 1. Mais le Mode pris particulierement, felon le fujet que ie traitte, eft vne certaine conftitution dans l'ordre des voix differentes par les fons graues & aigus, qui diftingue vn Chant de l'autre ; cette conftitution eftant comme vn corps plein de modulations, & vne efpece de melodie faite auec raifon, & auec artifice, contenuë fous vn ordre determiné, & proportionné d'harmonies accommodées à la matiere. Ou bien encor pour parler felon les termes des Muficiens : Les Modes ne font

G

autre chofe que la difference des efpeces du Diapafon, ou Octaue, laquelle difference eft faite par les variées & differentes efpeces de la Quinte, & de la Quarte.

Ton eft vn mot equiuoque que l'on prend quelquefois pour vn fon, ou pour vne voix inarticulée, qui demeure ferme, fans s'étendre ny vers le fon graue, ny vers le fon aigu. D'autrefois il eft pris pour la voix articulée, comme quand quelqu'vn entonne bien vne Notte ou plufieurs, l'on peut dire qu'il a bien pris le Ton. Il eft pris encor pour l'Interualle mefuré d'vn fon à vn autre fon, comme depuis *Vt* iufqu'à *Re*, ainfi que ie l'ay expliqué à la premiere Partie chap. 23. Et finalement, Ton eft pris pour vn Mode, ou façon de chanter (comme nous l'entendons icy) qui apporte vne certaine varieté d'harmonie par les differentes efpeces qui font comprifes dans le Chant. Et encor qu'il y ait des Autheurs qui difent que c'eft improprement que l'on nomme les Modes Tons, ie ne puis fuiure leur fentiment apres ce qu'en a dit Boëce liure 4. chap. 14. *Ex Diapazon* (dit-il) *confonantiæ fpeciebus exiftunt qui appellantur Modi quos eofdem Tropos, vel Tonos nominant.* Auffi chez les Autheurs Grecs les mots *Tropi, Syftema, & Harmoniæ,* font fynonimes, & fignifient la mefme chofe que les Latins nomment *Modi & Conftitutiones.* Voyons à prefent de combien de fortes il y a de Modes.

Du nombre des Modes, ou Tons.

CHAPITRE II.

PEu d'Autheurs anciens ont efté d'accord touchant le nombre des Modes. Quelques-vns dans vn fiecle rude & groffier n'en ont connu que trois, à fçauoir, le *Dorien,* le *Phrygien,* & le *Lafdien;* mais les hommes eftans deuenus plus fçauans dans les fiecles fuiuans, ils en adioûterent quatre à ces trois, qu'ils nommerent *Hypodorien, Hypolydien, Hypophrygien* & *Micolydien.* Platon n'a voulu que fix Modes, Ariftoxene & d'autres à fon exemple en admettent quinze, Caffiodore efcriuant à Boëce n'en connoit que cinq, Euclide en admet treize, Ptolomée fept, & Plutarque trois, Boëce & Franchin en ont admis huit, le fentiment defquels a efté furpris par quelques-vns; Tous ces fentimens diuers ne peuuent qu'embarraffer vn efprit qui voudroit rechercher les raifons que ces Anciens ont eu; Suiuons Glarean & Zarlin, qui font voir clairement

ment

ment qu'il y a douze Modes dans le Chant, & qu'il n'y en peut auoir ny plus ny moins, ainſi que le teſmoigne le Pere Kircher liure 3.chap.17.parlant de la diuiſion des Modes, *Vides igitur*(dit-il) *qua ratione per arithmeticam diuiſionem ſex alios Modos inueſtigaue-rimus, ita vt in vniuerſum duodecim Modi conſtitui poſſint, nec plures, nec pauciores.* Au Plain-chant nous conſiderons les Modes de deux façons. Les vns qui embraſſent generalement tout ce qui ſe chante tant dans l'Antiphonaire que dans le Graduel, leſquels ſont nommez Modes, ou Tons variés.

Les autres que ie nomme Modes ſtables, qui ſont deſtinez ſeulement pour la Pſalmodie.

Les Modes variés ſont douze en nombre, ainſi que dans la Muſique figurée. Et les Modes ſtables ne ſont que dix.

Quelques-vns poſſible trouueront eſtrange ma propoſition, puiſque peu de perſonnes cy-deuant ont eſté de ce ſentiment; cependant quand ie n'aurois pas Glarean ny Zarlin, pour moy ie n'aurois qu'à vous produire les Graduels & les Antiphonaires qui ſont notés plus de cent ans auant ces deux grands & excellens Autheurs, pour faire voir à ceux qui n'en admettent que huit, la grande difference qu'il y a du premier au neufiéme, du ſecond au dixiéme, du cinquiéme à l'onziéme, & du ſixiéme au douziéme, qu'ils confondent enſemble ainſi que ie l'enſeigneray en ſon lieu, commençons par les Modes variés, & nous parlerons en ſuite des Modes ſtables.

Les Modes variés ſont ainſi nommez pour les diſtinguer des dix Modes de Pſalmodie, tant à cauſe de leur diuerſité, qui eſt bien ſi grande meſme dans leur genre, qu'à peine peut-on trouuer deux Chants d'vn meſme Mode, qui ſoient ſemblables ; que parce qu'ils ſont formez tous d'vne autre façon que les autres. Ces douze Modes ſe diuiſent en ſix principaux appellez Authentiques, & en ſix Collateraux que l'on nomme Plagaux; les Authentiques, ou Tons principaux ſont les Impairs ; à ſçauoir, le 1. nommé *Dorien,* le 3. *Phrygien,* le 5. *Lydien,* le 7. *Mixolydien,* le 9. *Eolien,* & l'11. *Ionique.*

Les Tons Plagaux, ou Collateraux, ſont les Pairs, à ſçauoir, le 2. *Sous-Dorien,* le 4. *Sous-Phrygien,* le 6. *Sous-Lydien,* le 8. *Sous-Mixolydien,* le 10. *Sous Eolien,* & le 12. *Sous-Ionique.*

Chaque Authentique a ſon Plagal, qui deſpend de luy, ainſi que leurs noms le teſmoignent : Ils comprennent tous vn Diapaſon, ou Octaue d'eſtenduë, & ce qui les diſtingue l'vn de l'autre, eſt que le Diapaſon du Plagal deſcend d'vn Diateſſaron, ou Quarte plus bas que le Diapaſon de ſon Authentique, quoy que leurs fins ſoient ſur vn meſme degré ; ce qui fait que les Authentiques ont leur eſtenduë en haut, & les Collateraux ont la leur en bas, comme par ce vers.

Vult deſcendere par, ſed ſcandere vult modus impar.

Examinons les eſpeces du Diapaſon qui nous donnent connoiſſance des douze Modes.

Des eſpeces du Diapaſon, de leurs diuiſions, & de la formation des Modes tirés d'icelles.

CHAPITRE III.

VOus auez veu dans la premiere Partie chap. 24. qu'il y a ſept eſpeces de Diapaſon, ou Octaue, qui ſe forment ſur les ſept premieres lettres de la Gamme, à ſçauoir A, B, C, D, E, F, & G.

L'Octaue naturelle contient cinq Tons, & deux Semi-tons, & ce qui fait ſes differentes eſpeces, n'eſt autre choſe que les ſieges differens des deux Semi-tons, qui ſe rencontrent dans le progrés de l'Octaue : Et comme le Semi-ton eſt l'ame de tout le Chant, il diſtingue par ſon ſiege different tous les Modes, & tous les genres de chanter : de luy ſort toute l'harmonie, & les paſſions differentes que les Modes produiſent, ne prouiennent d'autre choſe que des Semi-tons.

A la premiere eſpece qui commence ſur A, *re*, iuſques en a, *mi*, *la*, *re*, le premier Semi-ton ſe trouue entre le ſecond & le troiſiéme degré ; & l'autre Semi-ton, entre le cinquiéme & le ſixiéme. Exemple.

1. Eſpece du Diapaſon.

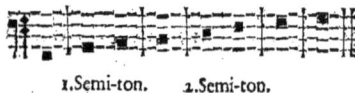

1. Semi-ton.   2. Semi-ton.

A la ſeconde eſpece qui prend ſa naiſſance ſur B, *mi*, le premier Semi-ton eſt entre le premier, & le ſecond degré ; & l'autre, entre le quatriéme, & le cinquiéme. Exemple.

2. Eſpece du Diapaſon.

1. Semi-ton.   2. Semi-ton.

La

La 3.efpece commence en C.
vt, *fa*; fon premier Semi-ton eft
entre le troifiéme & le quatriéme degré ; & le fecond entre le
feptiéme & le huitiéme. Exéple.

3. Efpece du Diapafon.

1. Semi-ton.   2. Semi-ton.

La 4.efpece fe forme en D. *re*,
fol, fon premier Semi-ton, eft entre le fecond & le troifiéme degré ; & le fecond, entre le fixiéme & le feptiéme. Exemple.

4. Efpece du Diapafon.

1. Semi-ton.   2. Semi-ton.

La 5.efpece prend fa naiffance
en E. *mi*, *la*; fon premier Semi-ton
fe trouve entre le premier & le
fecond degré; & le fecód entre le
cinquiéme & le fixiéme. Exéple.

5. Efpece du Diapafon.

1. Semi-ton.   2. Semi-ton.

La 6.efpece commence en F.
vt, *fa* ; fon premier Semi-ton eft
entre le quatriéme & le cinquiéme degré ; & le fecond, entre le
feptiéme, & le huitiéme. Exéple.

6. Efpece du Diapafon.

1. Semi-ton.   2. Semi-ton.

La 7.& derniere efpece fe for-
me en G. *re*, *fol*, *vt* ; fon premier
Semi-ton fe trouue entre le troifiéme & le quatriéme degré ; &
le fecond, entre le fixiéme & le
feptiéme. Exemple.

7. Efpece du Diapafon.

1. Semi-ton.   2. Semi-ton.

Les fept efpeces du Diapafon eftant chacune partagée en deux,
font la diuifion des Modes Authentiques, auec les Plagaux : mais
comme il eft impoffible de faire ce partage Diatoniquement en
deux parties efgales, c'eft à dire, de Ton à Ton, & Semi-ton, on fait
cette diuifion de Quinte, en Quarte, ou de Quarte, en Quinte.
Quand elle eft faite de Quinte en Quarte, elle eft appellée chez
les Muficiens, Diuifion Harmonique ; & lors qu'au contraire elle
eft faite de Quarte en Quinte, on la nomme Diuifion Arithmetique. Exemple.

Diuifion Harmonique.   Diuifion Arithmetique.

de Quinte,   en Quarte.   de Quarte,   en Quinte.

Cette diuiſion differente fait la diſtinction des Modes ; lors qu'elle eſt faite Harmoniquement, qui eſt de Quinte en Quarte, elle forme vn Mode Authentique : & quand elle eſt faite Arithmetiquement, qui eſt de Quarte en Quinte, c'eſt vn Mode Plagal.

Dans les ſept eſpeces differentes du Diapaſon, il s'y rencontre deux diuiſions fauſſes, que l'on reiette, à cauſe que la Quinte & la Quarte, n'ont pas leur iuſte meſure, comme vous le remarquerez dans les Exemples ſuiuans, tellement que de quatorze diuiſions, il en reſte ſeulement douze naturelles, qui forment les douze Modes.

La diuiſion harmonique tirée de la premiere eſpece du Diapaſon forme le neuſiéme Mode, & la diuiſion Arithmetique produit le ſecond. Exemple.

Diuiſion Harmonique de la 1. eſpece du Diapaſon.	Diuiſion Arithmetique de la 1. eſpece du Diapaſon.

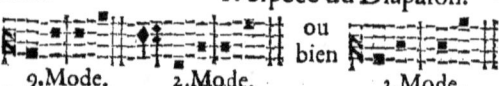

9. Mode. ou bien 9. Mode. 2. Mode. ou bien 2. Mode.

La diuiſion harmonique tirée de la ſeconde eſpece du Diapaſon eſt fauſſe, elle eſt reiettée pour n'auoir pas ſa Quinte entiere, n'ayant que deux Tons, & deux Semi-tons d'eſtenduë, au lieu qu'il faudroit pour eſtre entiere qu'elle eut trois Tons & vn Semi-ton; & pour auoir ſa Quarte compoſée de trois Tons, qui eſt ce que nous appellons Triton, voyez le 24. Chap. de la 1. Partie. Sa diuiſion Arithmetique nous donne le quatriéme Mode. Exemple.

Diuiſion Harmonique de la 2. eſpece du Diapaſon.	Diuiſion Arithmetique de la 2. eſpece du Diapaſon.

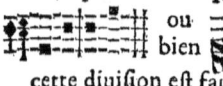

cette diuiſion eſt fauſſe. ou bien 4. Mode. ou bien 4. Mode.

La troiſiefme eſpece du Diapaſon eſt formée ſur le degré de C. *vt, fa,* ou c. *ſol, vt, fa;* Sa diuiſion Harmonique fait l'onziéme Mode, & l'Arithmetique nous donne le ſixiéme. Exemple.

Diuiſion Harmonique de la 3. eſpece du Diapaſon.	Diuiſion Arithmetique de la 3. eſpece du Diapaſon.

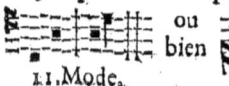

11. Mode. ou bien 11. Mode. 6. Mode.

Lors

Lors que la quatriéme efpece du Diapafon eft diuifée harmoniquement, elle nous donne le premier Mode, & fa diuifion eftant
faite Arithmetiquement nous produit le huitiéme. Exemple.

Diuifion Harmonique de la 4. efpece du Diapafon.	Diuifion Arithmetique de la 4. efpece du Diapafon.
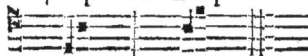	
1. Mode.	8. Mode.

La diuifion Harmonique tirée de la cinquiéme efpece du Diapafon, forme le troifiéme Mode, & l'Arithmetique le dixiéme.
Exemple.

Diuifion Harmonique de la 5. efpece du Diapafon.	Diuifion Arithmetique de la 5. efpece du Diapafon.

3. Mode.	10. Mode.

Lors que la fixiéme efpece du Diapafon eft diuifée Harmoniquement, elle forme le cinquiéme Mode, fa diuifion Arithmetique
eft fauffe, à caufe que fa Quarte eft vn Triton, & fa Quinte n'eft
pas entiere, ainfi qu'à la feconde efpece du Diapafon dans la diuifion Harmonique. Exemple.

Diuifion Harmonique de la 6. efpece du Diapafon.	Diuifion Arithmetique de la 6. efpece du Diapafon.
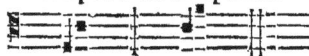	
5. Mode.	cette diuifion eft fauffe.

La feptiéme & derniere efpece du Diapafon, quand elle eft
diuifée harmoniquement, forme le feptiéme Mode; & fa diuifion
Arithmetique, produit le douziéme. Exemple.

Diuifion Harmonique de la 7. efpece du Diapafon.	Diuifion Arithmetique de la 7. efpece du Diapafon.

7. Mode.	12. Mode.

Ie crois auoir expliqué affez clairement la formation des douze
Modes; parlons à prefent de leurs fins & des Cadences.

Des

Des Cadences des Modes variés, & de leur Terminaison,
ou Note finale.

CHAPITRE IV.

LA Cadence est vne certaine terminaison de Notes qui fait vn Chant, de mesme façon qu'vne quantité de mots dans l'oraison fait vn sens. Sans la Cadence il n'y auroit rien de beau dans le Chant, elle y fait le mesme effet que la virgule, & le poinct, font dans l'Oraison,& nous la pouuons veritablement appeller le poinct du Chant : Elle est faite pour l'ordinaire à la fin du sens de la diction.Il y en a de deux sortes,la Reguliere & l'Irreguliere.

La Reguliere est celle qui est faite sur les cordes naturelles, qui sont les degrez principaux du Mode ; par exemple, aux Authentiques,sur le 1.le 3.le 5.& le 8.degrez ; & aux Plagaux, sur le 1.le 4. le 6.& le 8.

L'Irreguliere est celle qui se rencontre hors des cordes naturelles, dont ie viens de parler.

Ces Cadences se forment par le partage de la Quinte qui se retrouue dans la diuision de chaque espece du Diapason ; Cette Quinte se diuise en deux Tierces, & sur chaque premier & dernier degré de ces deux Tierces,naissent les Cadences Regulieres, & quant à la Quarte qui se retrouue dans la diuision du Diapason ne pouuant estre partagée, il ne s'y forme aucune Cadence Reguliere,que sur son premier & dernier degré,voyez l'Exemple de ce que ie viens de dire au Diapason qui forme le premier Mode.

Diapa-son.	Diuision Har-monique.	Diuision de la Quinte en Tierces.	Degrez où sont formées toutes les Cadences Regulieres.

1. 3. 4. 8.

Sur le premier & plus bas degré de chaque Mode Authentique, est formée la Note finale, que les Anciens ont nommé Clef finale, comme i'ay dit au 6.Chapitre de la 1.Partie. Cette Note finale fait l'estenduë en bas du Mode ; le cinquiéme degré est le lieu de sa Note dominante,sur lequel se fait la Cadence la plus parfaite,& la plus naturelle ; le huitiéme degré fait l'estenduë en haut.

Les Cadences Regulieres des Modes Plagaux se trouuent d'vne
façon

façon toute autre que celles des Authentiques, à cauſe que la
Quarte va la premiere, quoy qu'elles ſe faſſent ſur les degrez du
partage de la Quinte en Tierces, & ſur le premier & dernier degré
de la Quarte comme aux Authentiques : voyez en l'Exemple du
ſecond Mode, qui eſt le Plagal du premier.

Diapa-ſon	Diuiſion Arith-metique.	Quar-te.	Diuiſion de la Quin-te en Tierces.	Degrez où ſont formées tou-tes les Cadences regulieres.

1. 4. 6. 8.

Le premier degré de chaque Mode Plagal, eſt le lieu de ſon
eſtenduë en bas, le quatriéme degré eſt le ſiege de la Note finale,
le ſixiéme eſt celuy de la Note dominante, & le huitiéme fait ſon
eſtenduë en haut ; Aux quatriéme, huitiéme & dixiéme Modes,
la dominante ſe forme ſur le ſeptiéme degré, ainſi que vous verrez
en ſon lieu.

Le plus bas degré du Diapaſon diuiſé harmoniquement, eſt le
lieu de la Note finale, ou terminaiſon du Mode, & quand il eſt
diuiſé Arithmetiquement, la Note finale eſt ſur le degré de la
diuiſion, qui eſt le quatriéme degré du Diapaſon ; tellement que
tous les Modes, tant Authentiques que Plagaux, finiſſent ſur le
premier, & plus graue degré de la Quinte.

L'Authentique & ſon Plagal, n'ont pas ſeulement leur Notes
finales communes, mais bien dauantage, ils ſe communiquent leurs
Cadences, comme ie vous le feray voir, quand ie traiteray de chaque Mode en particulier.

La fin du premier & du ſecond Modes, eſt ſur le degré de D.
re, ſol ; celle du 3. & du 4. en E. *mi, la* ; celle du 5. & du 6. en F. *vt, fa* ;
celle du 7. & du 8. en G *re, ſol, vt* ; celle du 9. & du 10. en a. *mi, la, re* ;
& finalement celle de l'11. & du 12. en C. *vt, fa*, ou c. *ſol, vt, fa*,
comme par les Exemples ſuiuans.

1. Mode.   *2. Mode.*   *3. Mode.*

Note finale.   Note finale.   Note finale.

4. Mode.   *5. Mode.*   *6. Mode.*

Note finale.   Note finale.   Note finale.

H

7.Mode.   8.Mode.   9.Mode.

Note finale.   Note finale.   Note finale.

10.Mode.   11.Mode.   11.Mode d'vne octaue plus bas.

Note finale.   Note finale.   Note finale.

12.Mode.

Note finale.

Quant aux Exemples des Cadences, vous les verrez cy-apres dans vne composition aux Chapitres de chaque Mode en particulier, où il en est traité fort amplement.

De la diuersité des Modes variés, de leur estenduë,
& de leur meslange.

CHAPITRE V.

Q Velques Autheurs auec Glarean, tiennent qu'à la primitiue Eglise, le Chant estoit tellement simple, qu'à peine auoit-il d'estenduë vne Quinte, cela doit estre entendu des Modes stables, qui est le Chant de la Psalmodie, que nous gardons encor aujourd'huy approchant à celuy de ce temps-là, & non pas des Modes variés, qui ont vne estenduë bien plus grande.

Vous auez veu cy-dessus dans la diuision de ces Modes, qu'vn chacun contient vn Diapason d'estenduë. Il y a des Modes, qui outrepassent les limites de leur Diapason, soit en la partie inferieure, soit en la superieure, non seulement d'vn, ou de deux degrez, mais de trois & de quatre ; d'autres ont deffaut d'estenduë, ne contenant que quatre ou cinq degrez de leur Diapason ; & d'autres sont meslangez, le commencement d'vn Chant estant d'vn Mode, le milieu d'vn autre, & la fin d'vn autre.

Cette diuersité produit de tres-beaux effets dans le Chant, & ce n'est pas dés aujourd'huy que l'on s'en sert : Saint Bernard nous l'enseigne dans le Prologue de son liure qu'il a fait *de Musicâ,*

disant

diſant que les Modes doiuent outrepaſſer quelquesfois les limites
de leur Diapaſon, pour la beauté du Chant ; ce que le premier des
grands Chantres a obſerué, comme il ſe voit au Pſeaume 32. *Conſi-*
temini Domino in cythara, in Pſalterio decem cordarum pſallite illi.
Vous voyez par ces mots *decem cordarum* que ce grand Prophete
outrepaſſoit quelquefois le Diapaſon de deux degrez, car corde en
ce rencontre ſignifie degré, de me dire qu'en ce temps-là, les Modes du Chant n'eſtoient point en vſage, l'Eſcriture ſainte m'enſeigne le contraire dans le liure de l'Eccleſiaſte, chap. 44. *Inperitiâ ſuâ*
(dit-il) *requirentes Modos Muſicos.*

La difference qui ſe retrouue dans les Modes, par le plus, ou le
moins de leur eſtenduë, & de leur meſlange, fait qu'il y en a de
pluſieurs eſpeces, les vns ſont nommés Modes Parfaits, les autres
Imparfaits, d'autres plus que Parfaits, ou Abondans, les vns Mixtes,
ou Communs, les autres Commixtes, ou Antimixtes, & d'autres
Douteux ; parlons d'vn chacun en particulier, & les examinons
les vns apres les autres.

Des Modes parfaits.

CHAPITRE VI.

QVand vn Mode embraſſe les huit degrez de ſon Diapaſon,
il eſt nommé parfait.

Le parfait Authentique eſt celuy, qui dés ſa Note finale monte
iuſqu'au huitiéme degré, qui eſt le ſiege ou s'acheue le Diapaſon,
il a la puiſſance de deſcendre d'vn Ton, ou d'vn Semi-ton, par
deſſous ſa Notte finale, comme il ſe voit à l'Introite *Rorate*, qui eſt
du premier Mode parfait. Cét Introite commence en C. *vt, fa,* qui
eſt vn Ton plus bas que ſa Note finale, & monte en d. *la, re, ſol,*
comme il ſe voit par l'Exemple ſuiuant.

Ro- ra- te cœ- li de- ſuper.

Le Plagal parfait eſt celuy qui monte par deſſus ſa Note finale,
iuſqu'au cinquiéme ou ſixiéme degré, & qui deſcend de quatre
degrez plus bas que ſa finale, à ſçauoir ſur le premier degré de ſon
Diapaſon, comme en l'Introite *Vultum tuum*, qui eſt du ſecond
Mode parfait, voyez en l'Exemple.

Vultum tu- um , &c. in lætiti-a.

Des Modes imparfaits.

CHAPITRE VII.

LEs Modes imparfaits ſont ceux qui n'embraſſent pas dans leur eſtenduë tout leur Diapaſon. Il ſe retrouuent plus de ces Mo-des,que de toutes les autres eſpeces ; La majeure part des Antien-nes en ſont,& beaucoup d'autres Chants dans le Graduel.

Quand le Mode Authentique ne monte pas iuſqu'au huitiéme degré de ſon Diapaſon, il eſt nommé Mode imparfait, comme à la Poſtcommune *Qui vult venire poſt me*, du premier Mode, qui ne monte pas au degré de d. *la,re,ſol,* mais ſeulement, en c.*ſol, vt, fa,* voyez-en l'Exemple.

Qui vult ve ni- re &c. & ſe qua-tur me.

L'Introite *Puer natus eſt*,eſt du ſeptiéme Mode imparfait,à cauſe qu'il ne monte pas en g.*re,ſol,vt,*qui eſt le ſiege du huitiéme degré du Diapaſon de ce Mode.

Le Plagal imparfait eſt celuy qui ne monte pas iuſqu'au Dia-pente, ou Quinte de ſa Note finale, ou quand il ne deſcend pas iuſqu'au premier degré de ſon Diapaſon, qui eſt vn Diateſſaron, ou Quarte plus bas que ſa finale,comme il ſe voit à l'Introite *Mihi autem nimis,*qui eſt du ſecond imparfait,& qui manque en la partie inferieure.

Des Modes plus que parfaits, ou Abondans.

CHAPITRE VIII.

LEs Modes plus que parfaits ou Abondans,ſont ceux qui outre-paſſent leur Diapaſon, ſoit en la partie inferieure, ſoit en la ſuperieure.

Le Mode Authentique, eſt appellé plus que parfait quand il monte par deſſus ſon Diapaſon,d'vn ou de pluſieurs degrez, ainſi que

que fait l'Introite du 18. Dimanche apres la Pentecoste, *Iuſtus et Domine*, comme en l'Exemple ſuiuante.

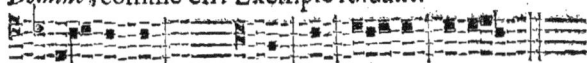

Iuſ- tus es &c.   *fac cum ſer uo tu o.*

Le Plagal plus que parfait eſt celuy qui deſcend plus bas que ſa Note finale d'vn Diapente, ou d'auantage, c'eſt à dire, quand il va plus bas que le premier degré de ſon Diapaſon, d'vn ou de deux Tons ; l'Offerte *In omnem terram*, eſt de cette eſpece, eſtant du ſecond plus que parfait, à cauſe qu'elle deſcend iuſqu'à G. *vt*, qui eſt vn Diapente plus bas que ſa Note finale, voyez-en l'Exemple.

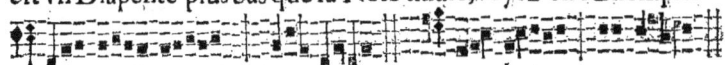

In om nem &c. ter ræ.   *ver ba*   *eo rum.*

Des Modes mixtes, ou Communs.

CHAPITRE IX.

LE meſlange de l'Authentique auec ſon Plagal, ou du Plagal auec ſon Authentique, fait les Modes mixtes ou Communs.

Le Mode Authentique mixte, eſt celuy qui comprend non ſeulement les huit degrez de ſon Diapaſon, mais encor vn Diateſſaron, ou Quarte par deſſous, qui fait l'entiere eſtenduë de l'Authentique & du Plagal, embraſſant leur onze degrez, ainſi qu'il ſe voit à la majeure port des Proſes, comme *Lauda Sion*, *Supernæ matris gaudia*, *Victimæ*, & pluſieurs autres, & à l'Antienne *Salue Regina*, qui contiennent l'eſtenduë du Mode Authentique parfait, & celle de ſon Plagal parfait. Exemple.

Agnus redemit.   *Angelicos.*

Le Plagal mixte, eſt celuy qui embraſſant les huit degrez comme le Parfait, monte iuſqu'au ſeptiéme degré du Diapaſon de l'Authentique, comprenant en tout dix degrez, ainſi que fait la Proſe *Dies iræ*, qui eſt du ſecond Mode commun, d'autant que ſon Chant deſcend en A. *re*, & monte iuſqu'au c. *ſol, vt, fa*, comme vous pouuez le remarquer par l'Exemple ſuiuant.

Teſte Dauid, &c.   *Tuba mirum.*

H 3

Des Modes Commixtes , ou Antimixtes.

CHAPITRE X.

LEs Modes Commixtes ou Antimixtes , font ceux qui partici-
pent de quelques autres Modes dans vn mefme Chant ; Ce
meflange de Modes fe fait par la frequente communication des
Quartes & des Quintes, empruntées d'autres Modes ou de leurs
Cadences, comme il fe voit dans l'Introite *Spiritus Domini* , qui
commence du premier Mode , fon milieu eftant du cinquiéme, &
fa fin de l'Octaue, remarquez-le par cét Exemple.

Du premier Mode.   Du 5. Mode.   Du 8. Mode.

Spi-ri tus   Do mi ni.   re ple uit orbem terrarŭ, &c. Alle-

lu i a.

Des Modes douteux.

CHAPITRE XI.

LEs Modes douteux, que quelques-vns appellent neutres , font
ceux qui ne comprennent que quatre ou cinq degrez, & qui
ne fortent point du Diapente, qui n'eft qu'vne partie de leur Diapafon ; ils ne font douteux , qu'au regard de l'Authentique auec
fon Plagal, comme du premier auec le fecond ; du troifiéme auec
le quatriéme, & ainfi des autres.

Pour fçauoir diftinguer le Mode Authentique douteux, d'auec
fon Plagal, ou le Plagal d'auec fon Authentique, il faut partager le
Diapente du Mode par le milieu. Exemple , le Diapente du premier & du fecond eft *Re, La*, depuis D. *re, fol*, iufqu'en a. *mi, la, re*,
il faut partager ce Diapente en deux Tierces : le lieu du partage eft
en F. *vt , fa.* S'il y a plus de Notes par deffus le *fa* dans le Chant
douteux du premier ou du fecond, pour lors ce Chant prendra le
nom d'Authentique imparfait ; & s'il y en a plus par deffous le *fa*
que par deffus, ce fera le Plagal imparfait, & ainfi des autres,
exceptez toutesfois quelques Antiennes, dont on connoit le Mode
par l'*Euouae.*
                                                        Apres

Apres auoir parlé des Modes en general, ie les vais produire en particulier : & vous entretenir de leur nature, de leur principe, de leur fin, & de leurs Cadences, commençons par le premier.

CHAPITRE XII.

LE premier Mode Authentique que les Anciens ont nommé Dorien, est formé de la quatriéme espece du Diapason diuisé harmoniquement ; il prend sa naissance sur le degré de D. *re, sol*, sa diuision se fait sur le degré d'a. *mi*, *la*, *re*, depuis D. *re*, *sol*, qui produit le Diapente, ou Quinte, & acheue son Diapason par le Diatessaron ou Quarte, montant depuis a. *mi, la, re,* iusques en d. *la*, *re*, *sol*, comme par cet Exemple.

Ce Mode a sa Notte finale sur le D. *re, sol*, qui est le premier degré de son Diapason ; Comme la Quinte & la Quarte qui le composent, sont les plus naturelles dans leur Intonnation, à cause du demi-ton qui se retrouue au milieu des deux extremitez, c'est ce qui luy donne selon mon sentiment, cette douce harmonie qui le rend le plus beau, & le plus doux de tous les Modes. Il est beaucoup en vsage dans l'Eglise, d'autant que les Anciens l'ont iugé tres-propre à l'entretien de la prudence. Quelques-vns ont crû, que le grand Thamire de Thrace, a esté le premier qui s'est seruy de l'harmonie Dorique ; d'autres ont estimé qu'il a pris sa naissance du peuple dont il porte le nom.

Platon parlant de ce Mode, entr'autres eloges qu'il luy donne, l'appelle *Castitatis effector*, & nos premiers Chantres Ecclesiastiques luy ont donné le nom de Mode pieux, & graue.

Les Cadences regulieres de ce Mode se forment sur les degrez de D. *re, sol*, de F. *vt, fa*, de a. *mi, la, re*, & de d. *la, re, sol*, les irregulieres font sur les autres degrez. Exemples.

Cadences Regulieres du premier Mode.

Cadences Irregulieres du premier Mode.

Les

Les Interualles les plus ordinaires de ce Mode, font fa Quinte & fa Quarte, & les Tierces, qui font le partage de la Quinte. Exemple.

Vous pourrez remarquer ces Cadences, & ces Interualles dans les diuers Chants de ce Mode, & par l'Exemple fuiuant.

Fin.   Autre fin.

Le premier Mode parfait comprend le Diapafon tout entier, à fçauoir, depuis D. *re, fol*; iufques en d. *la, re, fol*, & tres-fouuent il defcend en C. *vt, fa*, d'vn Ton plus bas que fa fin, comme par cét Exemple.

O fa lu ta ris hoftia quæ cœ li pan dis hoftium, &c.

da robur fer au xi li um.

Les Introites *Rorate, Statuit*, le Graduel *Pofuifti*, la Profe *Virgines egregia*, l'Offerte *Lætamini*, font du premier Mode parfait, & generalement tous les Chants, qui embraffent les huit degrez depuis D. *re, fol*, iufques en d. *la, re, fol*, & mefme ceux qui defcendent en C. *vt, fa*, moyennant qu'ils montent en d. *la, re, fol*.

Le premier Mode imparfait fe remarque, lors que le Chant ne monte pas en d. *la, re, fol*, foit qu'il monte au degré de la Clef de c. *fol, vt, fa*, foit qu'il ne paffe pas les degrez d'a. *mi, la, re*, & de b. *fa*, ♮. *mi*, il eft toûjours nommé Imparfait, comme il fe voit par l'Exemple que i'ay rapporté cy-deffus au 7. Chap. à l'Antienne *Qui vult venire poft me*.

L'Alleluia. *Egregia fponfa Chrifti*. Les Refpons *Iuftus germinabit*: *Hæc eft vera fraternitas*: les Antiennes *Vos amici mei eftis*. *In regeneratione*, & cent autres Chants, font de ce Mode imparfait.

Le Mode plus que parfait fe remarque, quand vn Chant du premier outrepaffe fon eftenduë en haut, d'vn ou de plufieurs degrez, comme il fe voit au Refpons fuiuant.

Alle

Alle lu i a.   Audi ui mus &c.   Jn - tro i -   bi mus

in taberna culum, &c.

Le premier Mode eft commun auec le fecond,lors qu'vn Chant
embraffe dans fon eftenduë onze degrez, à fçauoir depuis A. *re*,
iufques en d.*la,re,fol*,comme il fe voit à l'Antienne *Simile erit*.

Si- mi le   e-   rit &c.   Sagenæ miffa in mari, &c.

&   fecus littus.

Le Refpons *Concede nobis* , l'Antienne *Salue Regina* , la Profe
Victimæ , & beaucoup d'autres font de ce genre.

Quand le premier Mode eft meflé de quelques Cadences d'vn
autre Mode,il eft appellé Commixte,ou Antimixte ; Ce genre de
Mode , peut fe rencontrer dans toutes les autres efpeces cy-deffus
expliquées,parce qu'il y a des Parfaits,des Imparfaits, des plus que
Parfaits,& des Communs,qui font Commixtes. Exemples. L'*Alleluia Beatus vir qui fuffert*,eft de l'imparfait Commixte.Les Refpons
Audiui, & *Vidi Jerufalem*, dans les Matines de la feconde & quatriéme femaine apres Pafques,font du plus que Parfait Commixte;
Le Refpond *Filiæ Ierufalem*,eft du Commun plus que Parfait Commixte,d'autant qu'il commence du quatriéme Mode,ce qui le rend
Commixte , il defcend en ꝺ. *mi* , ce qui le rend Commun auec le
fecond , & il monte en f. *vt* , *fa* , deux degrez plus haut que fon
eftenduë,ce qui le rend plus que Parfait,voyez-en l'Exemple.

Du 4. Mode.

Fi -li æ Ieru fa lem , &c.   Jn   di e   folemnitatis , &c.

Quand au Mode douteux , ie vous renuoye à l'onziéme Chapitre , cette efpece de Mode,ne fe rencontre gueres qu'aux Antiennes que vous diftinguerez par l'*Euouae*.

I

Du second Mode varié , nommé Sous-Dorien.

CHAPITRE XIII.

LE second Mode eſt formé de la premiere eſpece du Diapaſon
diuiſé Arithmetiquement ; il prend ſa naiſſance ſur A. *re*, ſon
Diateſſaron ou Quarte, commence ſur ce meſme degré d'A. *re*,
iuſqu'en D.*re,ſol*,& l'Interualle depuis D.*re,ſol*, iuſqu'en a.*mi,la,re*,
forme ſon Diapente ou Quinte : Ces deux Interualles compoſent
le Diapaſon diuiſé Arithmetiquement. La Note finale de ce Mode
eſt ſur le degré de D.*re,ſol*, de meſme qu'au premier Mode, comme
par cet Exemple.

Diateſſaron.   Diapente.   Diapaſon.   Note finale.

Ce Mode contient vne certaine grauité en ſoy, qui approche
de la ſeuerité , il a eſté iugé tres-propre à chanter les loüanges de
Dieu, éueillant les affections & les penſées aux choſes diuines ; il eſt
de ſa nature vn peu lugubre , ce qui a fait que quelques-vns luy ont
donné le nom de Mode pleureux, à cauſe que la plus grande partie
des Tracts que l'on chante pendant le Careſme, ſont de ce Mode.

Quand les Chants de ce Mode embraſſent toute l'eſtenduë du
Diapaſon, à ſçauoir, depuis A. *re*, iuſques en a.*mi,la,re*, il eſt appellé
Mode parfait , comme aux Reſpons *Sancte Protadi. Amauit eum.
Emendemus.* à l'Antienne *Sicut lilium.* & pluſieurs autres Chants.
Exemple.

Sanc- te Pro- .   ta di , &c.   au-   di , &c.

Il peut monter d'vn degré plus haut qu'a. *mi, la, re* , à ſçauoir en
b.*fa*, comme il ſe voit au Reſpons des Vierges, *Hæc eſt virgo ſapiens*,
à l'Antienne *O rex gloriæ.*

Hæc eſt vir go , &c.   quam Do-   mi nus.

Les Modes imparfaits ſont ceux qui n'embraſſent pas toute
l'eſtenduë du Diapaſon, depuis A.*re*, iuſques en a. *mi,la,re*, comme
le Reſpons *Poſuit coronam*, au commun d'vn Martyr, qui ne deſcend
qu'en ♮.*mi*. Exemple.

Po-fu it co ro nam &c. & om nes inimicos.

Le plus que Parfait, eſt celuy qui deſcend en r. *vt*, d'vn degré
plus bas que le premier degré du Diapaſon, ainſi que fait l'Offerte
In omnem terram , comme il ſe voit par l'exemple que i'en ay rapporté cy-deſſus au 8.Chapitre.Le Graduel du premier Dimanche
de l'Aduent,*Vniuerſi.* Le Reſpons du Commun des Apoſtres ,*Fue-*
runt ſine querelâ. Le Reſp.de la Pentecoſte,*Repleti ſunt.*& autres.

Le Commun,eſt celuy qui approche de l'eſtenduë du premier,
& qui monte iuſqu'à c.*ſol, vt, fa*, comme le Reſpons,*Cornelius* à la
feſte de S.Pierre. Exemple.

Cor ne - li us, &c. vir re li gi-o- ſus.

Le Douteux, ou Neutre , eſt celuy qui ne contient que quatre
ou cinq degrez , ne deſcendant pas plus bas, que C. *vt* , *fa* , & ne
montant pas plus haut, que iuſques au degré d'a. *mi*, *la*, *re*, comme
la majeure part des Antiennes,telles que ſont *Placebo. Inuocantem,*
Filÿ hominum. In vniuerſa terra. In omnem terram. & vne infinité
d'autres, comme vous pouuez voir dans l'Antiphonaire.

Les Cadences Regulieres du ſecond Mode , ſont preſque ſemblables à celles du premier Mode : Elles ſe forment ſur la Note
finale, qui eſt D.*re, ſol*; ſur la mediante, qui eſt F. *vt*, *fa* ; & ſur les
deux extremitez du Diapaſon,qui ſont A.*re*,& a.*mi*,*la*,*re*.Exemple.

Cadences Regulieres du ſecond Mode.

Cadences Irregulieres du ſecond Mode.

Interualles ordinaires au ſecond Mode.

Fin.

Du troifiéme Mode nommé Phrygien.

CHAPITRE XIV.

ON dit qu'vn certain Marfia Phrygien a efté le premier qui
a trouué ce Mode, fur vn Inftrument de Mufique nommé
Fiffre ; il eft formé de la cinquiéme efpece du Diapafon diuifé
harmoniquement, prenant fa naiffance fur le degré de E. *mi, la*:
fon Diapente commence fur ce mefme degré, & finit fur le *mi* de
b. *fa ♯ mi*, qui eft le premier degré de fon Diateffaron, qui va finir
en e. *mi, la*. Ces deux Interualles forment le Diapafon de ce Mode,
& fa Note finale refide fur le degré de E. *mi, la*. Exemple.

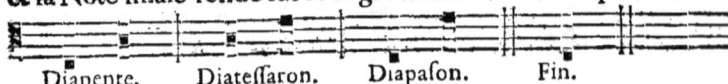

    Diapente.   Diateffaron.   Diapafon.   Fin.

Ce Mode à la puiffance de defcendre en D. *re, fol,* vn ton plus
bas que fa Note finale : Et quand il a toute l'eftenduë de fon Diapafon, c'eft le Mode parfait, comme l'Offerte d'vn Confeffeur
Pontife *Inueni Dauid,* le Refpons *Omnes amici mei,* des Matines du
Vendredy-Saint, celuy de fainte Agathe *Qui me dignatus,* & l'Antienne du *Magnificat* du iour de Pafque, *Et refpicientes.* comme en
cét Exemple.

Et refpi-ci en-tes   viderunt reuolutum, &c.   Alle lui a.

Il fe rencontre des Chants de ce Mode, qui paffent le degré
d'e. *mi, la,* & qui montent en g. *re, fol, vt,* ceux-là font les Modes
plus que Parfaits, tel eft le Refpons *Virtute magna.* Exemple.

Virtu te   mag-   na, &c.   tefti-mo-   ni um.

Les Modes imparfaits font en plus grand nombre de beaucoup
que tous les autres, ce font ceux qui ne montent pas en e. *mi, la,*
ainfi que les Refpons, *Dum fteteritis, Ifte cognouit iuftitiam,* &
quantité d'autres, prefque toutes les Antiennes font compofées de
ce Mode imparfait, comme auffi vne bonne partie des Refpons,
qui font dans l'Antiphonaire.

Il y a beaucoup de Chants de ce Mode Communs auec le Plagal, mais ils font quafi tous imparfaits en la partie inferieure, ne
                                                        montans

montans pas en e. *mi, la* ; ce font ceux qui defcendent en C. *vt, fa.* l'ay remarqué que dans tout le Chant il y en a peu du Mode Phrygien qui foient Communs & Parfaits, s'ils ont quelque chofe de plus que leur eftenduë en bas, ils n'atteignent pas pourtant le premier degré du Plagal, qui eft B. *mi*, ou ils ne vont pas iufqu'au plus haut degré de leur eftenduë.

Quelqu'vn pourroit dire que ces Modes Communs font plûtoft du quatriéme que du troifiéme ; Il faut refpondre qu'encor qu'ils en ayent les marques, par le defaut de l'eftenduë en haut, leurs Interualles ordinaires font differens ; & pour en faire le difcernement, il faut confiderer que lors que l'Interualle appellé fixiéme, monte fur le degré de c. *fol, vt, fa,* depuis E. *mi, la,* trois ou quatre fois, & que fur ce degré de c. *fol, vt, fa,* le Chant y fait fa demeure la plus ordinaire ; pour lors l'on dira que ce Chant eft du troifiéme Mode, que le Chant ne monte pas plus haut que fur le degré de la Clef de c. *fol, vt, fa* : Mais quand l'Interualle fe fait fur a. *mi, la, re,* deux ou trois fois dans vn mefme Chant, & que le Chant fait fa demeure fur ce degré, en ce rencontre, ce Chant eft du quatriéme Mode Commun, encor bien qu'il outrepaffe fon eftenduë en haut, & qu'il aille en paffant iufques à l'eftenduë en haut du troifiéme, comme fait la Profe *Salue porta perpetua lucis,* & quelques Graduels.

Quant aux Chants Commixtes vous pourrez les connoiftre par le meflange des Interualles, qui ne font pas Communs à ce Mode, comme l'Antienne du *Benedictus,* de la Purification *Cum inducerent,* qui faute fur le *fa* de b. *fa ♮ mi,* aux mots *accepit eum,* qui r'entre en fuitte dans le premier Mode, & finit en fin du troifiéme. Le 8. Refpons du troifiéme Dimanche apres la Pentecofte, *Peccaui,* qui commence fur le *fa* de b. *fa ♮ mi,* & fe mefle auec le cinquiéme & le fixiéme. Le Refpons de l'Afcenfion *Poft paffionem,* qui commence du neufiéme, pourfuit du feptiéme iufques à la reprife *Et videntibus,* & finit du troifiéme tranfpofé d'vn Diateffaron, & quelques autres Chants que vous rencontrerez dans le Graduel.

Les Cadences Regulieres de ce Mode font en E. *mi, la,* en G. *re, fol, vt,* quelquesfois en a. *mi, la, re,* & la plus ordinaire eft en c. *fol, vt, fa.* Quoy que b. *fa ♮ mi* foit le fiege, qui acheue le Diapente de ce Mode, & par confequent celuy de fa Cadence la plus reguliere, elle fe rencontre pourtant affez rarement dans fes Chants ; & la raifon eft, parce que le troifiéme Mode de Pfalmodie a fa Note

I 3

dominante fur le degré de c.*fol,vt,fa,*ainfi il a fallu donner à celuy-
cy cette Cadence, qui luy fert com̃e de dominante, afin qu'il ait
plus de rapport auec l'autre.

Voyez la Compofition fuiuante, qui vous donnera vne intelligence des Interualles qui luy font les plus ordinaires.

Chant du Mode Phrygien.

Fin des Antiennes.　　　Fin des Refpons.　　　Autre fin.

Autre fin.

Du quatriéme Mode varié, nommé Sous-Phrygien.

CHAPITRE XV.

LE quatriéme Mode, que nous appellons Sous-Phrygien, eft
formé de la feconde efpece du Diapafon diuifé arithmetiquement, prenant fa naiffance fur le degré de B.*mi.*

Sa premiere diuifion eft faite dés le principe de fon Diapafon,
fur le degré d'E.*mi,la,* qui fait le Diateffaron. La feconde diuifion
qui compofe le Diapente, prend fa naiffance fur ce mefme degré
d'E.*mi, la,* & va finir fur celuy de b.*fa ♮ mi.* La Note finale de ce
Mode, a fon fiege fur le premier degré du Diapente, ainfi qu'à tous
les autres Modes. Exemple.

1.Diuifion.　　2.Diuifion.

Diateffaron.　　Diapente.　　Diapafon.　　Note finale.

Ce Mode a vne certaine harmonie tirant fur la trifteffe, eftant
fort propre à exciter la deuotion ; auffi les Anciens Chantres l'ont
toûjours beaucoup eftimé, principalement pour les Chants de
l'Eglife, à caufe de fa grauité meflée de douceur, ainfi que la iugé
Claude de Sebaftien, parlant de la qualité des Modes. *Quartus*
(dit-il) *blandam habet melodiam.* Tels font les *Kyrie eleifon* que l'on
chante les trois derniers iours de la femaine Sainte, apres les Matines, qui contiennent vne douce & trifte harmonie : I'ay remarqué

que

que moins ce Mode a d'eſtenduë, plus il a de douceur, comme il ſe peut voir aux Reſpons des petites heures dans l'Aduent *Veni ad liberandum nos. Oſtende nobis Domine.* & à celuy des Primes du Dimanche, *Inclina cor meum Deus* qui eſt ſi doux & ſi deuot : pour moy ie le conſidere l'vn des plus doux & des plus touchans ; que s'il ne s'eſtend pas ſouuent dans des Interualles éloignés, c'eſt en cela qu'il a plus de majeſté.

Il a beaucoup de reſſemblance au Phrygien, qui eſt ſon Authentique, particulierement dans les Chants imparfaits, dont la pluſpart manquent d'eſtenduë en la partie inferieure, & s'eſtendent en la ſuperieure, montant fort ſouuent iuſques au degré de c. *ſol, vt, fa,* qui eſt la region de l'Authentique, qui d'ailleurs manquant en la partie ſuperieure dans ſes Chants imparfaits, deſcend tres-ſouuent en D. *re, ſol,* & quelquefois en C. *vt, fa,* qui eſt la region du Quatriéme, ce qui rend communs ces deux Modes.

Deux choſes ſont neceſſaires à obſeruer, pour en connoiſtre la difference.

La 1. Quand le Chant eſt compoſé entre les Interualles, depuis E. *mi, la,* iuſques ſur le degré de la Clef de c. *ſol, vt, fa,* qu'il fait ſa reſidence ſur ce degré de c. *ſol, vt, fa,* & qu'il ne deſcend qu'vne fois ou deux en D. *re, ſol,* ou C. *vt, fa,* en ce rencontre le Chant eſt du troiſiéme Mode, telle eſt l'Antienne *Cum complerentur,* comme encor *Aufer à nobis Domine.*

La 2. Si le Chant eſt compoſé entre les Interualles, depuis C. *vt, fa,* iuſques ſur le degré d'a. *mi, la, re ;* & s'il fait ſa reſidence le plus ſur ce degré d'a. *mi, la, re,* ne montant qu'vne ou deux fois, en paſſant en c. *ſol, vt, fa ;* Le Chant pour lors eſt du quatriéme Mode : telles ſont les Antiennes *Iſte cognouit iuſtitiam. Iuſtum deduxit Dominus.* & *Bethleem non eris minima.*

La difference ſe remarque encor, par la Note qui precede la finale, qui eſt pour l'ordinaire vn *Re,* au quatriéme Mode, & vn *Fa,* au troiſiéme, comme auſſi par la frequente repetition de ces deux Interualles.

Le premier, qui eſt vne ſixiéme, conuient au Mode Phrygien.

Phrygien. Sous-Phrygien.

Le ſecond, qui eſt vn Interualle bien plus doux que l'autre, appartient au Sous-Phrygien.

Quant à la difference des Chants Sous-Phrygiens, les Imparfaits l'emportent pour ce qui eſt du nombre : ce ſont ceux qui ne

com

comprennent pas entierement leur Diapason , comme les Respons
à Noël *Quem vidistis.* à Pasque *Dum transisset.* au Commun des
Apostres *Isti sunt triumphatores.* Les Antiennes *Videbunt gentes.* &
Bethleem, aux Vespres de la veille de Noël, l'Antienne *Ite nuntiate,*
au Samedy apres Pasques , & beaucoup d'autres que vous pourrez
remarquer par la regle generale, que i'ay donné au Chapitre 7.

Le Respons *Beatissimæ Virginis.* aux Matines de la Natiuité de
nostre Dame, est du Mode parfait Sous-Phrygien.

L'Inuitatoire de la mesme feste, *Corde, & voce simul.* est du plus
que Parfait, d'autant qu'il descend plus bas que B. *mi.* L'Antienne
du *Nunc dimittis,* de la troisiéme semaine de Caresme, *Vigilate,*
qui descend en A. *re,* est pareillement de ce Mode plus que Parfait.

Le Respons de la Dedicace, *Mane surgens Iacob.* est du Mode
Sous-Phrygien commun , telle est l'Offerte *Illumina,* du Samedy
de la seconde semaine de Caresme.

Le Respons *Dabit ei Dominus,* du iour de l'Annonciation, est du
Commixte, & Commun. Le Respons *Alleluia, Nomen bonum,* à la
quatriéme semaine de Pasques, est du Commixte , comme aussi le
Graduel du Dimanche des Rameaux , *Tenuisti.* & l'Antienne du
Magnificat, du troisiéme Samedy de l'Aduent *Ante me,* qui entre
trois fois dans l'Interualle du *fa* de b. *fa,*♮.*mi.*

Les Cadences Regulieres du Quatriéme, sont sur le degré de sa
fin, qui est E. *mi; la,* & en G. *re, sol, vt :* Ie n'en trouue point sur le
premier ny dernier degré de son Diapason , comme aux autres
Modes; Ie tiens que les Cadences qui sont sur le degré d'a. *mi, la, re,*
luy sont regulieres, & naturelles contre le sentiment de Zarlin, qui
met au nombre des irregulieres, celles qui sont sur ce degré, & la
raison que i'en ay, est fondée sur ce que le quatriéme Mode de
Psalmodie, a sa Note dominante sur a. *mi, la, re,* & comme les Modes
variés, doiuent auoir connexité auec les stables, il est important,
voire de necessité, que la Dominante du Mode stable, soit Dominante aussi du Mode varié.

Voyez l'Exemple des Interualles, & des Cadences les plus ordinaires de ce Mode, dans la Composition suiuante.

Fin.   Autre fin.   Autre fin.   Autre fin.

Du

Du cinquiéme Mode varié, nommé Lydien.

CHAPITRE XVI.

LEs Anciens ont crû qu'Amphion a esté inuenteur de l'harmonie Lydienne, & qu'Aristippe en a esté le premier Chantre aux nopces de Niobe, & du mesme Amphion.

Ils se seruoient de cette harmonie aux dances, & aux réjoüyssances dans leurs victoires : Du depuis les Anciens Chantres Ecclesiastiques s'en sont seruy, principalement aux Graduels.

Ce Mode est formé de la sixiéme espece du Diapason diuisé harmoniquement, prenant sa naissance sur F.*vt,fa :* Sa Note finale reside sur le mesme degré de F.*vt,fa,* ayant la puissance comme les autres Modes authentiques, de descendre d'vne Note plus bas que sa fin, voyez sa diuison.

Diapente.　　Diatessaron.　　Diapason.　　Note finale.

Ceux qui soûtiennent, qu'il n'y a que huit Modes dans le Plainchant, confondent ce Mode auec l'Ionique, qui est l'onziéme, & n'en font qu'vn des deux : Cependant il y a bien de la difference entre ces deux Modes, laquelle se reconnoît particulierement par le Diapente, premiere diuision de leur Diapason, en ce que le Diapente du Lydien, commence par *Fa, sol, re, mi, fa,* & celuy de l'Ionique par *Vt, re, mi, fa, sol,* comme en cét Exemple.

Diapente du Lydien.　　Diapente de l'Ionique.　　Transposition de l'Ionique.

Cette disposition du Diapente, rend le Mode Ionique bien plus doux que le Lydien, qui est aspre & rude, à cause du Triton qui se rencontre dans son Diapente, d'où vient que tres-souuent on se sert du b.mol en b.*fa,* ♮.*mi,* pour adoucir cette aspreté, par le moyen duquel on change le Triton, en Quarte naturelle, & par ce changement, le Lydien entre dans l'Ionique.

Glarean dit que de son temps, on confondoit déja ces deux Modes, & dans son liure 2. chap. 5. quand il parle du cinquiéme Mode, il le nomme *Lydius quintus vetus,* & *Ionicus vndecimus vel quintus nouus.* Cependant il en fait vne tres-grande difference, comme il se voit aux Chapitres 20. & 25. du mesme liure.

K

Cette confufion vient de la tranfpofition , que l'on a faite de la majeure part des Chants du Mode Ionique , à celuy du Lydien, comme il fe peut remarquer à l'Antienne *Alma redemptoris*, qui eft de l'Ionique qu'on tranfpofe en F.*vt, fa,* par b. mol, d'vne Quarte plus haut, que fon naturel, comme par cét Exemple.

Ionique naturel.   Ionique tranfpofé.

Al-   ma.   Al-   ma.

Quoy que toutes les Notes changent de fiege, par cette tranf-pofition, le Chant ne change pas pourtant de Mode, comme ie feray voir cy-apres, au Chapitre 25. de la tranfpofition : parce que le fiege des deux Semi-tons, qui font dans le Diapafon, n'en change pas ; Et ce qui fait la difference des Modes, eft la differente fitua-tion des deux Semi-tons, qui fe retrouuent dans le Diapafon, comme vous auez veu cy-deffus, dans le 3. Chapitre de cette Partie : & partant cette Antienne *Alma*, eft auffi bien de l'Ionique dans fa tranfpofition par b. mol, comme elle l'eft dans fon fiege naturel, à caufe que le premier Semi-ton eft entre le troifiéme & le qua-triéme degré du Diapafon, & le fecond Semi-ton, entre le 7. & le 8. degré, auffi bien dans la tranfpofition, comme dans le naturel, comme par cét Exemple.

Diapafon naturel de l'Ionique.   Diapafon tranfpofé.

1. Semi-ton.   2. Semi-ton.   1. Semi-ton.   2. Semi-ton.

Pour refpondre à ce qu'on pourroit dire, que ce Mode que ie nomme Ionique, eftant Noté en F.*vt, fa*, eft du Lydien. Ie dis apres Glarean, Zarlin, & le Pere Kircher, qu'aucun Mode ne peut eftre dans fon naturel, que par ♮. quarré, & que le b. mol n'y eft iamais admis, que par accident, à fçauoir pour tranfpofer quelque fois le Chant d'vne Quarte, ou d'vne Quinte, plus haut ou plus bas, & d'autre fois pour changer le Triton en Quarte naturelle, comme vous auez veu dans la premiere Partie, chap. 18. D'ailleurs, l'efpece du Diapafon de ces deux Modes, eftant differnete par les diuers fieges des Semi-tons, il ne fe peut que les deux Modes, qui font formez de ces deux Diapafons, ne foient differens ; vous venez de voir, que dans le Diapafon de l'Ionique, le premier Semi-ton, eft entre le troifiéme & quatriéme degré, & dans le Lydien, il eft en-tre le quatriéme & le cinquiéme, voyez l'Exemple.

                                                                Dia

Diapason du Mode Lydien.

1.Semi-ton.   2.Semi-ton.

Comme il est quelquefois necessaire de se seruir du b. mol dans le Lydien, pour euiter le Triton, comme ie viens de dire ; cette necessité donne quelque ressemblance à ces deux Modes. Cependant on les discernera fort bien, si l'on considere, qu'à l'Ionique transposé, on dit toûjours *Fa*, en b.*fa*,♮.*mi*, & iamais *Mi* : & au contraire, au Lydien, l'on dit toûjours *Mi*, sur ce degré, quand le Chant monte plus haut : que si par fois on y dit *Fa*, c'est lors que le Chant descend en F.*vt,fa*, à cause du Triton, & aussi pour la raison que i'ay dis à la premiere Partie, au Chapitre de la Muance imparfaite.

Les Cadences regulieres du cinquiéme Mode, sont sur sa Note finale, qui est F.*vt,fa*, sur a.*mi,la,re*, & sur c.*sol,vt,fa* : Remarquez-les par la Composition suiuante, qui comprend les Interualles les plus ordinaires, qui se rencontrent dans ce Mode.

Fin.   Autre fin.

Les Graduels qui sont de ce Mode, sont quasi tous Parfaits, ou Communs auec le sixiéme, comme sont *Ecce Sacerdos magnus. Christus factus est. Pacificè* du Samedy deuant le Dimanche des Rameaux, &c.

Les Chants Imparfaits, sont ceux qui ne montent pas en f.*vt.fa*, comme le 8. Respons des Matines du 1. Dimanche de l'Aduent, *Obsecro.* l'Antienne *Ecce Dominus veniet.* La quatriéme Antienne des Laudes du 3. Dimanche de l'Aduent, *Montes.* la Postcomm. du Vendredy des Cendres, *Seruite Domino.*

Les Inuitatoires en temps de Pasques, qui commencent *Alleluia Regem*, &c.

Le 5. Respons des Matines de la Trinité, est du Parfait ; le Graduel du iour de Noël, *Viderunt*, en est aussi, &c.

Les Chants plus que Parfaits de ce Mode, sont ceux qui outrepassent en haut le Diapason ; comme le Graduel de l'onziéme Dimanche apres la Pentecoste, *In Deo*, & celuy des Vierges, *Adiuuabit.*

K 2.

Les Commixtes fe reconnoiffent par les Chants meflez auec d'autres Modes,comme font les Refpons, *Pulchra facie. Hodie nobis cælorum,* & *Domine Pater,* aux Matines des Calendes d'Aouft.

Ce Mode eft auffi fort fouuent Commixte auec l'Ionique,principalement dans les Refpons des Matines,comme il fe voit à celuy des Roys,*Illuminare,* le Chant des Verfets qui fuiuent ces Refpons, eft de cette nature, la fin eftant de l'Ionique, & tout le refte du Lydien, le Chant de la Paffion eft du Lydien parfait, Commixte auec l'Ionique; il eft du 5.en ce qu'il a *Mi,*en b.*fa,♮.mi.* Exemple.

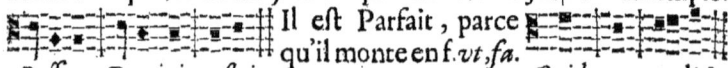

Il eft Parfait, parce qu'il monte en f.*vt,fa.*

Paſſio Domini noſtri.   *Quid me cædis?*

Il eft Commixte auec l'Ionique, parce qu'il entre fur le *fa,*de b.*fa,♮.mi,* pour indiquer la narration de Iefus-Chrift. Exemple.

Dixit   il- lis   Ie- ſus.

C'eft affez parler de ce Mode, paffons au Sous-Lydien, qui eft fon Plagal.

Du ſixiéme Mode varié,nommé Sous-Lydien.

CHAPITRE XVII.

CE Mode eftant le Plagal du Lydien, luy a beaucoup de reffemblance : La mefme connexité qui fe rencontre entre le Lydien & l'Ionique,fe retrouue pareillement entre ce Mode & le fous-Ionique, qui eft le douziéme Mode, à caufe que les Diapente des Plagaux, font femblables à ceux des Authentiques : ce qui fait que nous auons les mefmes raifons à combattre, contre ceux qui foûtiennent que ce Mode, & le douziéme font femblables, que celles que i'ay deduits au Chapitre precedent, & pour ce ie ne repeteray pas, ce que i'y ay dis touchant cette matiere.

Le Sous-Lydien eft formé de la troifiéme efpece du Diapafon diuifé arithmetiquement,commençant en C.*vt,fa,* & formant fon Diateffaron,depuis ce degré,iufqu'en F.*vt,fa,*qui eft le fiege de fa Note finale,& le principe de fon Diapente,qui finit en c.*ſol,vt,fa,* comme par cet Exemple.

Diateffaron.   Diapente.   Diapafon.   Note finale.

Entre

Entre les douze Modes, celuy-cy est le moins en vsage, principalement aux Chants parfaits; Et i'ay remarqué, que de 24. Respons
que i'ay trouué dans l'Antiphonaire, que quelques-vns confondent auec le douziéme, ie n'en ay trouué que deux, qui soient du
sixiéme : l'vn au Mercredy des Quatre-temps de l'Aduent, *Modo
veniet*, & l'autre, *Videns Iacob.* au troisiéme Dimanche du Caresme,
ausquels l'on dit *Mi*, en b.*fa*,♮.*mi.* Il y en a vn autre de sainte Luce,
Grata. mais il est Commixte entre le 6. & le 12. Mode, & le ℞. *De-
disti*, de S.Clement, qui est Commixte auec le huitiéme. Tous les
autres sont du 12. Mode; les vns transposés en F.*vt*,*fa*, d'vne Quinte
plus bas, les autres dans leur siege naturel.

La Postcomm. du Ieudy de la 2. Semaine du Caresme, *Qui manducat.* est du sixiéme Mode parfait : Il y a des Graduels, que l'on
pourroit aussi nommer du parfait, comme *Suscepimus*, & quelques
autres qui comprennent toute l'estenduë du Diapason, & qui ont
mi en b.*fa*,♮.*mi*, mais comme les versets de la pluspart, ont l'estenduë du cinquiéme : nous nommons ces Graduels du Lydien commun auec le Sous-Lydien.

Tous les autres Chants, qui n'ont pas leur estenduë en c.*sol*,*vt*,*fa*,
comme l'Introite *Os iusti*, l'Offerte *Domine conuertere*, la plus grande
partie des Antiennes, comme *Benedictus*, aux Vespres du Samedy,
peuuent estre appellez du sixiéme imparfait; & generalement tous
les Chants, qui finissent en F.*vt*,*fa*, par ♮.quarré, où ce passage par
b. mol, ne se rencontre pas, parce que le Chant
seroit du 12. Mode transposé, ou Commixte.

Les Cadences regulieres de ce Mode, sont en C.*vt*,*fa*, F.*vt*,*fa*,
a.*mi*,*la*,*re*, & en c.*sol*,*vt*,*fa*, comme il se voit par la Composition
suiuante, où les Interualles qui luy sont les plus ordinaires, se retrouuent.

Fin.   Autre fin.

K 3

Du septiéme Mode varié, nommé Mixolydien.

CHAPITRE   XVIII.

LEs Anciens Ecclesiaſtiques ont fort eſtimé ce Mode dans
leurs Chants, comme il ſe voit par le choix qu'ils en ont fait
aux plus grandes ſolemnitez : les Introites *Puer natus eſt. Viri Galilæi.*
Protexiſti me. Venite benedicti. & quantité d'autres, le teſmoignent
aſſez : Ils l'ont toûjours tenu pour l'vn des plus agreables ; quoy que
quelques Autheurs l'ayent eſtimé vn peu rude, & propre à émou-
uoir à colere, ce que ie ne puis leur accorder, parce que dans la
diuiſion de ſon Diapaſon, la Quarte ſe commence ſur le *Re*, & ſe
termine ſur le *Sol*, qui eſt la plus douce & la plus naturelle, comme
i'ay fait voir à la premiere Partie, dans la Diuiſion des voix, chap. 5.
Cette Quarte eſt ſemblable à celle du premier Mode, que nous
auons nommé cy-deſſus le Mode pieux, & en cela ils ont quelque
reſſemblance.

Ce Mode eſt formé de la ſeptiéme & derniere eſpece du Diapaſon diuiſé harmoniquement : il prend ſa naiſſance ſur G. *re, ſol, vt,*
& finit ſur le meſme degré ; ſon Diapente finit en d. *la, re, ſol,* ce degré eſt le principe du Diateſſaron, qui finit en g. *re, ſol, vt.* Exemple.

Diapente.   Diateſſaron.   Diapaſon.   Note finale.

Le Mixolydien eſt l'vn des Modes le plus en vſage, tant dans le
Graduel, que dans l'Antiphonaire : Il eſt tres-facile de le diſcerner
des autres Modes, & meſme de ſon Plagal, parce qu'il a peu de
Chant, où l'Interualle *Vt, ſol,* ne ſe rencontre.

Le Parfait a pouuoir de deſcendre en F. *vt, fa,* d'vn degré plus
bas que la premiere Note de ſon Diapaſon, ainſi qu'ont tous les
autres Modes Authentiques. Les Reſpons *Tollite iugum meum.*
Sancti tui Domine. Euge ſerue bone. ſont de ce Mode, comme auſſi
les Antiennes *Aſcendo. Saluator mundi. Anima mea. Voce mea. Iuſtus*
Dominus. Hic accipiet. Hic eſt verè martyr. Quinque prudentes. &
beaucoup d'autres.

L'Imparfait eſt celuy qui ne monte pas iuſqu'à ſon huitiéme degré, qui eſt g. *re, ſol, vt,* comme le ℟. *Ecce ego mitto vos.* L'Introite
Puer natus eſt. Les Antiennes *In ciuitate Domini. Ecce Sacerdos ma-*
gnus. Sit nomen Domini, &c.

                                                                        Le

Le plus que Parfait, est celuy qui monte plus haut que *g.re,sol,vt*, comme font les ℞.du 1.Dimanche de l'Aduent, *Aspiciens à longe*, & *Missus est Gabriel.* celuy d'vn Martyr, *Gloria & honore.* L'Antienne *Maria Magdalene*, l'*Alleluia. Epulemur.* du iour de Pasque.

Le Mixte ou Commun, est celuy, qui ayant toute son estenduë en haut, descend en D.*re,sol*, & c'est le Commun parfait, comme les Proses, *Lauda Sion.* & *Superna matris gaudia.* Les Antiennes *Ibo mihi* de nostre Dame, & *Liberauit Dominus pauperem*, du Ieudy Saint.

Le Commun imparfait, est celuy qui n'ayant pas toute son estenduë en haut, descend sur le mesme degré de D. *re,sol*, tel est le 9. Resp.du 3.Dimanche de Caresme, *Nunciauerunt Jacob.*

Le Commixte, est celuy qui est meslé auec d'autres Modes, comme les ℞.*Bethleem.* au 4.Dimanche de l'Aduent, *Dixit Angelus.* au 3.Dimanche du Caresme, *Ecce Agnus Dei*, à la veille des Roys, qui a son milieu du 9. Le ℞.de sainte Agnes, *Amo Christum*, qui commence en b.*fa.♯ mi*, par b.mol, & continuë iusqu'à la Reprise, ce que fait ce Chant du premier transposé d'vne Quarte plus haut que son naturel, & d'autres Chants de cette nature, que vous pourrez reconnoistre, & dans le Graduel, & dans l'Antiphonaire.

Il y a quelques Antiennes neutres, que vous discernerez par les Interualles *vt,sol*, & *vt,fa*.

Quand dans vn Chant l'Interualle *vt*, *sol*, se rencontre vne ou plusieurs fois, selon la longueur du Chant, ce Chant sera iugé du 7. & du 8. si l'Interualle *vt*, *fa*, s'y retrouue.

Interualle du 7.   Interualle du 8.

Les Cadences regulieres de ce Mode, sont sur les degrez de G.*re,sol,vt*,b.*fa,♯.mi*, d.*la,re,sol*, & *g.re,sol,vt* ; toutes les autres sont irregulieres. Voyez la Composition suiuante, dans laquelle se retrouuent tous les Interualles, qui sont les plus propres à ce Mode.

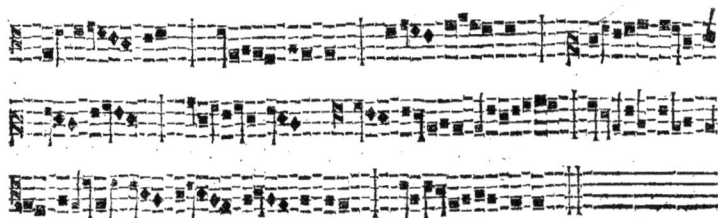

Fin.   Autre fin.

Du

Du huitiéme Mode varié, nommé Sous-Mixolydien.

CHAPITRE XIX.

NOus auons dis au Chapitre precedent, que le Mixolydien a esté fort estimé des anciens Ecclesiastiques : celuy-cy qui est son Plagal, ne l'a pas moins esté, au rapport de Glarean, liure 2. chap. 22. Zarlin dans sa quatriéme Partie, chap. 27. dit que ce Mode à vne certaine douceur, qui luy est tout à fait naturelle, & qui comble de joye les auditeurs ; Aussi les Anciens s'en seruoient, pour exprimer la douceur, & dans les actions qu'ils faisoient, pour impetrer de Dieu quelque grace particuliere.

Ce Mode se forme de la quatriéme espece du Diapason diuisé arithmetiquement : le Diatessaron est formé depuis D. *re, sol,* iusqu'en G. *re, sol, vt,* qui est le siege de sa Note finale, & le Diapente prend sa naissance sur le mesme G. *re, sol, vt,* & l'acheue en d. *la, re, sol.* Exemple.

    Diatessaron.   Diapente.   Diapason.   Note finale.

Les deux principaux degrez de ce Mode, sur lesquels il s'arreste le plus, sont G. *re, sol, vt,* & c. *sol, vt, fa,* ayant les Interualles *vt, fa,* & *fa, vt,* fort communs, comme en  cét Exemple.

Il y a beaucoup de Chants parfaits de ce Mode, comme sont les Introites *Ad te leuaui,* du 1. Dimanche de l'Aduent. *Domine ne,* du Dimanche des Rameaux, *Lux fulgebit.* du iour de Noël. Les Respons *Isti sunt viri sancti. Ecce sacerdos magnus. Sancti mei. Iurauit Dominus.* Les Antiennes *Vitam petiit. Istorum est enim regnum cælorum. Tu es gloria mea. Ne timeas Maria.* & vne grande quantité d'autres Chants.

L'Imparfait contient en soy la majeure part des Chants de ce Mode, par le defaut de l'estenduë en la partie inferieure, quand ils ne descendent pas en D. *re, sol,* comme sont les Antiennes *Constitues eos. Euntes ibant. Lætentur omnes. Iste sanctus,* &c. Les Hymnes *Veni creator Spiritus. Christe Redemptor omnium. Eterna Rex altissime,* &c.

Il se rencontre d'autres Chants imparfaits, qui ont leur deffaut

ne

en la partie fuperieure, & qui ne montent pas en d. *la, re, fol,* l'Hymne *Lucis Creator optime.* Les Antiennes *Hoc eſt præceptum meum.*
Collocet eum Dominus. Domine iſte ſanctus. & plufieurs autres font de
cette nature : d'autres ont leur deffaut en haut, & en bas ne contenant que quatre ou cinq degrez, comme les Antiennes, *In tua*
iuſtitia. Qui habitas in cœlis. Bene fac Principes populorum,&c.

Les Chants plus que Parfaits, font ceux qui defcendent plus bas
que D. *re, fol,* comme font les ℞. *Niſi ego abiero. Iſti ſunt viri ſancti.*
Iſte homo. & les Antiennes *Iſte eſt.* d'vn Docteur, & *Dixerunt impij,*
aux Laudes du Mercredy Saint.

Les Mixtes ou Communs, font ceux qui montent en f. *vt, fa,* ou
plus haut. Il y a des Communs parfaits, & imparfaits ; les Parfaits
font ceux qui defcendent en D. *re, fol,* comme l'Antienne de faint
Vincent, *Egregius Dei Martyr.* le Graduel *Jacta.* du Ieudy apres les
Cendres, le ℞. *Videntes Ioſeph à longè.* au 3. Dimanche de Carefme,
l'*Alleluia, Virga Jeſſe floruit.* aux Vefpres de la Natiuité de noftre
Dame, l'Offerte du Lundy de Pafques, *Angelus,* &c. Les Imparfaits
communs, font ceux qui s'efleuant iufques en f. *vt, fa,* ne defcendent pas fur le premier degré du Diapafon, qui eft D. *re, fol.*

Il y a encor des Chants de ce Mode, qui peuuent eftre nommez
Communs, quoy qu'ils n'outrepaffent pas leur Diapafon : ce font
ceux dans lefquels les Interualles *vt, fol,* & *vt, fa,* fe rencontrent
indifferemment, comme il fe voit à l'Antienne *Beata Agnes in me-*
dio flammarum.

Ce Mode a quelques Chants Commixtes, comme le Refpons
de S. Pierre *Domine ſi tu es.* qui commence du premier, entre dans
fon milieu en b. *fa,* ♮ *mi,* par b. mol, & finit de l'Octaue. L'Introite
du iour de la Pentecofte *Spiritus Domini.* qui commence du premier, & qui a les Interualles, & la Cadence du cinquiéme. De mefme le ℞. *Abſterget,* & la Poftcommun. du Dimanche de la Paffion,
Hoc corpus.

Les Cadences regulieres de ce Mode, font en D. *re, fol,* en G. *re,*
fol, vt, & en c. *fol, vt, fa,* qui eft le feptiéme degré de fon Diapafon,
au lieu d'eftre fur le huitiéme degré, qui eft d. *la, re, fol :* cela a efté
ordonné (à mon aduis) parce que fi l'on eut donné à ce Mode vne
Cadence en d. *la, re, fol,* il auroit eu trop de conformité à fon Aû-
thentique, en ce que la majeure part de fes Chants, manquant
d'eftenduë en la partie inferieure, s'approchent beaucoup de ceux
de l'Authentique, en forte que l'on n'auroit pû diftinguer les

Imparfaits de ces deux Modes : & d'ailleurs parce qu'au huitiéme Mode stable, la Mediante est en c. *sol*, *vt*, *fa*, pource i'estime, qu'il estoit necessaire que ce Mode eust sa principale Cadence , par ce mesme degré de c. *sol*, *vt*, *fa*, tant pour conseruer l'harmonie entre le Mode varié, & le Mode stable, qu'afin de donner à l'oüye vne difference sensible des Chants imparfaits du septiéme & du hui-tiéme Mode.

Les Cadences sur les autres degrez, sont irregulieres : Voyez la Composition suiuante, qui comprend les Interualles les plus ordi-naires de ce Mode.

Fin.   Autre fin.

Du neufiéme Mode varié, nommé Æolien.

CHAPITRE XX.

NOus faisons naistre le neufiéme Mode, de la premiere espece du Diapason diuisé harmoniquement, prenant sa naissance sur A. *re*, ou a. *mi*, *la*, *re*, d'vne Octaue plus haut. Il a sa fin sur ce de-gré, ayant la puissance de descendre d'vn degré plus bas, comme les autres Modes Authentiques ; son Diapente s'estend depuis A. *re*, iusques en E. *mi*, *la*, & son Diatessaron depuis E. *mi*, *la*, iusques en a. *mi*, *la*, *re*, ou d'vn Diapason plus haut, comme il se voit par l'Exemple suiuant.

Diapente.   Diatessaron.   Diapason.

Les Chants de ce Mode, sont notez à l'Octaue d'A. *re*, tellement qu'il faut considerer le premier degré du Diapason en a. *mi*, *la*, *re*, & le dernier en aa. *mi*, *la*, *re*, geminé, comme en cét Exemple.

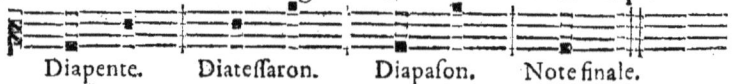

Diapente.   Diatessaron.   Diapason.   Note finale.

Quelques Autheurs anciens ont nommé le neufiéme Mode stable *Tonus peregrinus : non quod peregrinorum fit*, (dit le R. P. Kir-cher lib. 5. cap. 7. *de Tonis siue Modis*) *sed quod in concentibus nostris*
rarus

rarus admodum, & peregrinus sit, & non nisi Psalmo In exitu Israël
adhibeatur: Sed nos ostendimus propriè esse nonum Tonum de quo Anti-
qui parum cognouerunt, vtpote quibus sufficiebant octo Intonationes huc
vsque vsitata. Æoles eò plurimum vsi sunt, vnde & Æolius nuncupatus.

Ce Mode a esté confondu auec le premier, dés assez long-temps,
par la transposition que l'on a faite de la plus grande partie de ses
Chants, dans celuy-là, pour auoir quelque ressemblance l'vn auec
l'autre, en ce que le Diapente *Re, la,* qui est la premiere diuision de
leur Diapason, est semblable ; cependant il y a vne considerable
différence, qui se reconnoit par le Diatessaron du premier Mode,
qui est *Re, sol,* & celuy du neufiéme, qui est *Mi, la,* comme il se voit
par cét Exemple.

Diuision du Diapason du 1. Mode.   Diuision du Diapason du 9. Mode.

Re , la,   re , sol.   Re , la,   mi, la.

Dans le Diatessaron du 1. Mode, le Semi-ton est entre le 2. & 3.
degré, & dans celuy du 9. il est entre le 1. & le 2. Exemple.

Diatessaron du 1. Mode.   Diatessaron du 9. Mode.

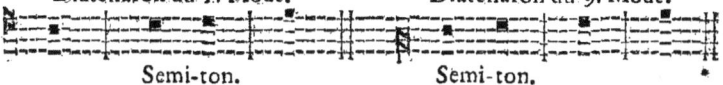

Semi-ton.   Semi-ton.

Ceux qui n'ont point voulu de différence entre ces deux Modes,
ont joint cettuy-cy au premier par le b. mol, à l'aide duquel le
Semi-ton se rencontre entre le 1. & le 2. degré du Diatessaron,
comme au 9. en sorte qu'ils rendent par ce
moyen ces deux Modes en quelques façons
semblables.

Semi-ton.

I'ay déja dis au Chap. 16. qu'aucun Mode ne peut estre par
b. mol, dans son siege naturel, & qu'il ne sert que pour transposer,
& pour éuiter la rudesse du Triton, tellement qu'il ne peut estre
adioûté au Diatessaron du 9. Mode, sans l'alterer, de mesme qu'on
peut aussi alterer par ce moyen tous les Diapasons, & changeant
les situations des Semi-tons, renuerser tous les Modes : ainsi comme le Diatessaron du premier Mode, est tout à fait dissemblable
à celuy-cy, il est éuident que le 9. Mode, l'est aussi du premier.

Pour distinguer ces deux Modes, il faut remarquer qu'encor
bien que le Chant finisse en D. *re, sol,* si dans toute la suitte on dit *fa*
en b. *fa, ♯ mi,* ce Chant est du neufiéme transposé ; & si vne seule
fois on dit *Mi* sur ce degré, il est du premier, ainsi qu'il se voit à l'In-

troite *Gaudeamus*, qui est du neufiéme transposé, à cause qu'on dit 4. ou 5. fois, *fa* en b. *fa*, ♮ *mi*, & que il ne s'y rencontre point de *Mi*. Pour noter cét Introite en son naturel, il doit estre de cette sorte.

Gaude a-mus omnes in Do- mi no.   ou bien en A *re.*   *Gaudea-mus.*

L'Introite *Sapientiam sanctorum*, est pareillement du 9. Mode, voyez-le en son naturel.

Sa pi en-tiam sancto- rum, &c. & laudem eo- rum.

Au lieu qu'estant noté du 1. Mode, il faut se seruir du b. mol.

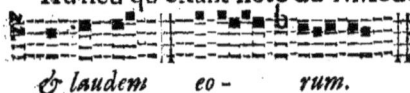

& laudem eo- rum.

L'on peut tres-facilement distinguer le 9. du 1. par ces deux Exemples, & par la regle que i'ay donné du b. mol.

Apres auoir bien recherché les raisons, pour lesquelles on a voulu mesler ces deux Modes, ie n'en ay pû conceuoir aucune, si ce n'est que quelques Musiciens praticiens auront voulu faire ce mélange pour la commodité des voix, & des Instrumens, principalement pour l'Orgue, parce qu'il seroit quasi impossible, du moins tres-incommode, de chanter quelques pieces de Musique du neufiéme en son naturel, sur l'Orgue, qu'il ne la faille transposer d'vne Quinte plus bas, qui est iustement le siege du premier Mode: Ie n'en veux pas dire dauantage touchant cette matiere, mais si quelque Organiste prend la peine de lire ce que i'escris, il tombera sans doute dans mon sentiment.

Ce Mode à encor quelque ressemblance au troisiéme, en ce qu'ils ont tous deux vne Cadence naturelle sur le quatriéme degré de leur Diapason, à sçauoir le troisiéme sur le degré d'a. *mi, la, re*, & celuy-cy sur le degré de d. *la, re, sol*, comme il se voit par les Antiennes, qui gouuernent le 9. Mode stable, qui finissent sur ce degré, comme aussi le *Venite exultemus* que l'on chante à Noël. Exemple.

Nos qui vi uimus be nedicimus Domino. be nedici te in æternum.

Ve- ni te exultemus Domino, &c. iu- bi le mus e- i.

Nous

Nous le remarquons encor aux Cadences du Symbole des Apoftres, *Credo in vnum Deum*, qui eft du 9. Mode, comme l'affeure
Zarlin, en fa 4.Partie, chap.28. difant qu'il doit finir en a.*mi, la,re,*
comme il la veu en beaucoup d'exemplaires anciens, & non pas en
b.*fa,*♯.*mi,* comme aujourd'huy on le chante, par l'ignorance (dit-il)
des Copiftes, ou par la temerité de ceux qui ont voulu corriger
vne chofe, qui eftoit mieux, qu'ils ne l'ont mife, voicy comme il le
marque, & comme ie l'ay veu noté dans vn vieux liure de l'Eglife
Metropolitaine.

Credo in vnum Deum. Patrem omnipotentem, Factorem

cœli & terra,&c. Et vitam ventu ri fæ cu li. A- men.

Et ne pas
dire

A - men.

Ceux qui notent ce Symbole d'vne Quinte plus bas, le tiennent
du quatriéme, parce qu'il finit en E. *mi, la,* ne confiderant rien que
la fin, auffi n'en a-il rien du tout que cela; mais ce n'eft pas tout
pour iuger d'vn Mode, d'en regarder feulement la fin, qui peut
eftre alterée, comme elle l'a efté icy, quand il s'agit principalement
d'vn Chant d'vne grande eftenduë, comme eft le *Credo,* qui a les
Cadences de tous fes verfets, fur vn degré qui ne conuient en aucune façon au quatriéme Mode, non plus qu'au premier, auffi ne
voit-on point, ou fort rarement, de Cadence fur ce degré, dans ces
Modes, pour leur eftre tout à fait irregulieres, & partant ce Chant
du Symbole des Apoftres, ne peut eftre que du 9.Mode.

Ce Mode a fes Chants Parfaits, Imparfaits, Communs, & Commixtes, comme les autres Modes. L'Introite *Sapientiam fanctorum,*
eft du Parfait, comme auffi le ℞.des Anges, *Te fanctum Dominum.*

Les Imparfaits, font ceux qui n'embraffent pas tout le Diapafon,
tels font les Introites *Gaudeamus,* & celle du Samedy des Quatre
Temps de Septembre, le ℞.*Iuftus germinabit.* & l'Hymne *Ex more
docti,* &c.

Les *Kyrie eleifon* de noftre Dame, font du Commun comme icy.

Ky - ri e E- le i fon. Ky- ri e E- le i fon.

Chriſte,&c.   *Kyrie, &c.*

Le Commixte ſe remarque à l'*Alleluia, Nonne cor noſtrum ardens,* du Lundy de Paſque, & à la Poſtcomm. du 3. Dimanche de Careſme *Paſſer.*

Les Cadences les plus regulieres de ce Mode, ſont ſur les degrez d'a.*mi,la,re,* c.*ſol,vt,fa,* & e.*mi,la,* comme auſſi en d. *la, re, ſol,* qui eſt le lieu où ſont ſes plus douces & plus ordinaires Cadences, comme i'ay dis cy-deſſus.

Voyez cette Compoſition, par laquelle vous pourrez facilement iuger des Interualles les plus communs.

Fin.   Autre fin de quelques Graduels.

Du dixiéme Mode varié, nommé Sous-Æolien.

CHAPITRE XXI.

LA quatriéme eſpece du Diapaſon diuiſé harmoniquement, forme le dixiéme Mode : la Quarte prend ſa naiſſance ſur le degré d'E. *mi, la,* & s'acheue en a.*mi, la, re,* qui eſt le ſiege de la Note finale, la Quinte eſt formé depuis le meſme a.*mi,la,re,* iuſques en e.*mi,la,* comme par cet Exemple.

Diateſſaron.   Diapente.   Diapaſon.   Note finale.

Ceux qui n'ont voulu que huit Modes, font paſſer celuy-cy pour le ſecond, de la meſme ſorte que le 9. pour le premier : Cependant ie trouue encor vne plus grande difference entre ce Mode, & le ſecond, que celle du 9. au 1. pour l'impoſſibilité qu'il y a de tranſpoſer vn Chant du dixiéme Mode parfait, ſur les ſieges naturels du ſecond, à cauſe qu'il n'y a point du tout de rapport au degré de F.*vt,fa,* à celuy du B.*mi,* & neantmoins ces deux degrez, font les deux ſeconds ſieges de leurs Diapaſons, comme en cet Exemple.

Diapa.

Diapaſon du 10. Mode.   Diapaſon du 2. Mode.

mi, fa.   *re, mi.*

Quand dans vn Chant il ne ſe rencontre point de Note par ces deux degrez, ſoit dans ſa tranſpoſition, ſoit dans ſon naturel, il peut eſtre nommé, ou du 2. ou du 10. comme l'Hymne *Sacris ſolemniis*, qui eſt notée dans quelques liures du ſecond, & en d'autres du 10. comme.

du 2.   du 10.

Sa cris ſo - lemniis.   *Sa cris ſo - lemniis.*

Ce Mode a quelque reſſemblance au Quatriéme, à cauſe de la licence qu'ils ont tous deux de faire leur plus ordinaire Cadence ſur le ſeptiéme degré de leur Diapaſon : Et poſſible ç'a eſté pour cette raiſon, que l'on a voulu appliquer au quatriéme, les Antiennes de ce Mode, qu'ils appellent Irregulieres, qui ne le ſont pourtant en aucune façon, & qui ne peuuent eſtre appliquées au quatriéme, parce que dans toutes les Antiennes du dixiéme, il s'y rencontre vn ou pluſieurs *Mi*, ſur le degré de b.*fa*, ♮.*mi*, qui ne peuuent pas eſtre changés par la tranſpoſition du dixiéme au quatriéme, à moins de ſe ſeruir d'vn ſigne, ou charactere, qui n'eſt point du tout en vſage dans le Plain-chant, & que nous ne pouuons en aucune façon y admettre, que les Muſiciens nomment *Dieze*. Voyez-le dans l'Antienne *Poſt partum*, qui eſt du dixiéme à la diction *Dei*, ſur la ſyllabe 1.

Poſt partum Virgo in ui o la ta permanſiſti De i, &c.

Tranſpoſition de cette Antienne dans le quatriéme.

Poſt partum Virgo in ui o la ta permanſiſti De i, &c.

I'ay veu quelques Antiennes de ce Mode, notées d'vne Quinte plus bas que ſon naturel, qui eſt en D. *re, ſol*; mais cette ſeconde façon, eſt auſſi bien contre l'ordre du Plain-chant, que la premiere, parce qu'il faudroit mettre vn b. mol, ſur le degré de ♮. *mi*, comme il ſe voit ſur la premiere ſyllabe de la diction *intercede*.

Poſt partum Virgo inuiolata permanſiſti De i Genitrix

intercede pro nobis.

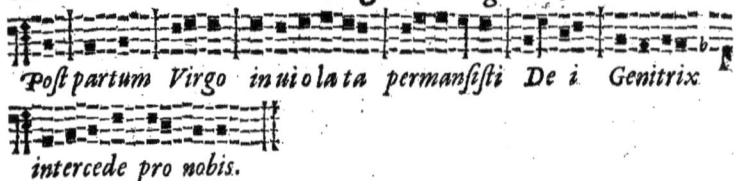

Pour ce il faut conclure, que les Antiennes, que l'on nomme du quatriéme Irregulier, n'en ſont point du tout, & qu'elles ſont de leur nature, du 10. Mode, ne pouuant eſtre d'aucun autre. Ie dis de meſme des autres Chants de ce Mode, que l'on veut faire paſſer pour le ſecond, qui en eſt tout à fait eſloigné, comme ie viens de dire cy-deſſus, à cauſe du ſecond degré de leur Diapaſon, dont l'vn ſe termine en *mi*, l'autre en *re*.

L'on peut voir cette différence, dans l'Antienne du *Magnificat* des Veſpres du iour de la Circonciſion *Magnum hæreditatis myſterium*, qui eſt du dixiéme, & qui deſcend par quatre fois en F. *vt, fa*, dans ces mots, *ex ea carnem aſſumens omnes gentes*, &c. Exemple.

ex e- a carnem aſſumens om- nes gentes ve-nient

di cen- tes gloria ti bi Do-   mine.

Mais pourquoy fait-on ſuiure à ce dixiéme Mode, le Mode ſtable du ſecond ? A cela ie reſpond, que ç'a eſté par abus, & pour ne pas augmenter le nombre des Modes, comme i'ay déja dis en pluſieurs rencontres : Et pour moy, i'eſtime que le dixiéme Mode ſtable, qui eſt celuy qu'on appelle quatriéme Irregulier, conuiendroit beaucoup mieux à cette Antienne, *Magnum hæreditatis*, que le ſecond, à cauſe des Interualles, qui ſont en d. *là, re, ſol*, & enfin, parce que ce Mode ſtable du quatriéme Irregulier pretendu, eſt abſolument du dixiéme.

L'on voit à ce Mode, la différence des Chants, de meſme qu'aux autres Modes : Les Graduels *Tollite portas. Hæc dies*, & beaucoup d'autres, ſont Imparfaits en la partie inferieure : l'Introite *Sacerdotes*, la Poſtcomm. du Lundy Saint, *Erubeſcant*, les Antiennes *Dignare me laudare te. Poſt partum Virgo.* & toutes les autres de cette nature, ſont de l'Imparfait.

Le Graduel *Ab occultis*, du Lundy de la 3. Semaine du Careſme, eſt du Parfait, & l'Offerte du iour des Cendres, *Exaltabo.*

Les

Les plus que Parfaits, font les Chants qui defcendent en D.*re,fol*, comme font les Refpons *Si bona. Sancta & immaculata. Strinxerunt* de S. Laurens. *Locutus eft*, qui eft le 4. Refp. de la Quinquagefime; celuy de fainte Agnes, *Omnipotens adorande*, qui defcend en C. *vt, fa*. La benediction du Cierge, le Samedy-faint, *Exult et iam Angelica*, &c.

La Poftcommune *Cantabo. Domino*, du 2. Dimanche apres la Pentecofte, eft du Commun; & celle du Lundy de la 1. Semaine de Carefme, *Ab occultis*, eft du Commixte.

Les Cadences naturelles de ce Mode, font fur E.*mi,la*; a.*mi,la,re*; c.*fol,vt,fa*, & fur d. *la,re,fol*, qui eft le feptiéme degré de fon Diapafon, & en cecy il eft de la nature du 4. & du 8. qui ont auffi leur Cadence principale fur le mefme degré de leur Diapafon. La Compofition fuiuante, donnera l'intelligence de ce Mode, dans laquelle font marqués fes Interualles les plus ordinaires.

Fin.   Autre fin.

De l'onziéme Mode varié, nommé Ionique.

CHAPITRE XXII.

L'Onziéme Mode eft produit de la troifiéme efpece du Diapafon, diuifé harmoniquement, prenant fa naiffance fur le degré de C. *vt,fa*, qui eft le fiege de fa Note finale, & le premier degré du Diapente, qui s'acheue en G. *re,fol,vt*, où commence le Diateffaron en montant, iufques en c. *fol,vt,fa*, ce qui parfait le Diapafon, comme par l'Exemple fuiuant.

Diapente.   Diateffaron.   Diapafon.   Note finale.

Ce Mode eft l'vn des plus doux & des plus agreables des douze, portant la joye dans le cœur des Auditeurs; Il l'emporte de beaucoup par deffus le Lydien, à caufe que tous fes Interualles, depuis le premier degré de fon Diapafon, font naturels, principalement iufqu'au quatriéme degré, ce qui ne fe rencontre pas dans le Diapafon du Lydien, comme il fe voit icy.

M

Ionique.   Lydien.

vt, re, mi, fa,   *vt , fa.*   *fa, fol, re, mi,*   *fa, mi.*

Comme cét Interualle *fa, mi,* nommé Triton, eſt extremement rude, & dure à l'oüye, l'on a voulu emprunter celuy de l'Ionique, *vt, fa,* pour adoucir cette rudeſſe.

Ie ne repeteray pas ce que i'ay dis, au 16. Chap. de cette Partie, touchant la difference qu'il y a de ce Mode, au Lydien, & le mélange que l'on en fait, par le benefice du b. mol, ſur le degré de b.*fa*,♮.*mi*, ie parleray ſeulement de la difference de ſes Chants.

L'Imparfait eſt celuy qui n'atteint pas le 8. degré du Diapaſon, comme il ſe voit à l'*Alleluia, Beatus vir qui timet.*

Le Parfait contient les 8. degrez du Diapaſon, ayant la puiſſance de deſcendre d'vn degré plus bas que ſa Note finale, comme au ℞.*Regnum mundi*, & à l'*Alleluia, Angelus Domini*, de la troiſiéme feſte de Paſques. Pareillement le ℞.*Iſte ſanctus.* & *Laus tibi Chriſte.* ℣.*Te Martyrum*, du iour des Innocens, ſont de ce Mode parfait.

Le plus que Parfait, eſt celuy qui outrepaſſe le huitéme degré du Diapaſon, comme fait l'Antienne de noſtre Dame, *Alma Redemptoris mater.*

Les Chants communs, ſont ceux qui deſcendent de deux ou trois degrés plus bas que la Note finale, comme les Proſes *Lætabundus. Mittit ad ſterilem*, & pluſieurs autres.

Les Commixtes, ſont ceux qui ſont meſlez auec le Lydien, comme le ℞.*Ecce Dominus veniet*, ou auec d'autres Modes.

Les Cadences regulieres de ce Mode, ſont ſur C.*vt, fa*, E.*mi, la*, G.*re, fol, vt*, & c.*fol, vt, fa*, & dans ſa Tranſpoſition, elles ſont en F.*vt, fa*, a.*mi, la, re*, c.*fol, vt, fa*, & f.*vt, fa*, comme il ſe remarque par la Compoſition ſuiuante, qui comprend ſes Interualles les plus ordinaires.

Fin.   Autre fin.

Cette Compoſition peut eſtre tranſpoſée, de cette maniere.

Fin.   Autre fin.

Du douziéme Mode varié, nommé Sous-Ionique.

CHAPITRE XXIII.

LE Diapason du douziéme Mode, est tiré de la septiéme &
derniere espece, qui est formée sur le degré de G. *re* , *sol*, *vt*,
divisée arithmetiquement, G. *re* , *sol* , *vt* , fait son estenduë en bas,
c. *sol, vt, fa*, est le lieu de sa fin , & g. *re, sol, vt*, son estenduë en haut.
Exemple.

Diatessaron.　　Diapente.　　Diapason.　　Note finale.

I'ay fait voir dans le 17. Chapitre de cette Partie , la difference
qu'il y a de ce Mode, au Sous-Lydien, qui emprunte du Sous-ionique, tout ce qu'il a de beau, mesme iusques aux Versets des Respons.

Ce Mode a vne douceur en soy, qui tire en quelque façon sur la
tristesse, & qui porte les esprits à la compassion : Il y a des personnes
qui sont d'autre sentiment , mettant ce Mode au nombre de ceux,
qui portent la joye dans le cœur : pour moy i'estime, que s'il a quelque chose de joyeux, il ne l'a que par la communication de son
Authentique. Les lamentations de Ieremie, que l'on chante les
trois derniers iours de la Semaine sainte, estans de ce Mode , prou-
uent assez ce que ie dis : il se remarque encor à l'Hymne de nostre
Dame , *Languentibus in purgatorio* , à l'Introite *Requiem æternam*,
à la Prose *Inuiolata*. Enfin quasi tous les Chants de ce Mode , ont,
auec la douceur qui leur est naturelle, quelque chose de lamenta-
ble : voyons dans la distinction de ses Chants, la difference qu'il y a
entre eux.

Le Chant imparfait, est celuy qui n'embrasse pas tous les degrez
de son Diapason , comme sont les Antiennes *Inuiolata*. *Regina cœli*.
Attendite à falsis Prophetis. Le ℞: *Per memetipsum*. L'Introite des
Quatre-Temps de Septembre, *Exaltate Deo*.

Le Parfait comprend toute l'estenduë du Diapason , comme
l'Offerte *Desiderium animæ*. Les Respons *Honor virtus* de la Trinité.
Clama in fortitudine en l'Aduent, *Tuam crucem. Homo quidam* de la
feste Dieu, *Ne recorderis*. Les Antiennes, *Gaudent in cœlis. Aue Regi-*
na cœlorum. La commune du 3. Dimanche apres la Pentecoste, *Ego*
clamaui , qui est bien differente du sixiéme Mode.

M 2

Le plus que Parfait, eſt celuy qui deſcend plus bas que ſon premier degré, comme le Reſpons de l'Inuention de S. Eſtienne, *Sa-*
cerdos Dei Lucianus, & le ℞. *Tradiderunt me,* au Vendredy Saint.

Le Commixte eſt celuy qui ſort du Mode, par des Cadences
qui ne luy ſont pas naturelles, comme le ℞. de l'Aſcenſion, *Ite in*
orbem.

Les Cadences regulieres de ce Mode, ſont ſur les degrez de
G. *re, ſol, vt,* c. *ſol, vt, fa,* e. *mi, la,* & g. *re, ſol, vt,* comme par la Compoſition ſuiuante.

Fin.   Autre fin.

Des deux Modes reiettés, l'vn nommé Hyperæolien,
l'autre Hyperphrygien.

CHAPITRE XXIV.

LE premier de ces deux Modes, nommé Hyperæolien, eſt formé de la ſeconde eſpece du Diapaſon diuiſé harmoniquement, mais comme cette diuiſion eſt fauſſe, ainſi que i'ay fait voir
au 4. Chapitre de cette Partie, elle ne peut produire aucun Mode
naturel.

Il en eſt de meſme de l'autre, nommé Hyperphrygien, qui eſt
formé de la ſixiéme eſpece diuiſée arithmetiquement, qui pareillement eſt fauſſe, comme icy.

Diuiſion du Mode reietté Hyperæolien.

Diapente.   Diateſſaron.   Diapaſon.   Note finale.

Diuiſion du Mode reietté Hyperphrygien.

Diateſſaron.   Diapente.   Diapaſon.   Note finale.

Ces deux Modes ont eſté reiettés, à cauſe de leurs fauſſes diuiſions ; Quoy que il ne ſe trouue pas, qu'aucun Muſicien les ait mis
en

en vſage dans la Muſique figurée ; i'en ay pourtant voulu dire vn
mot, à cauſe que dans le Plain-chant il ſe rencontre (mais aſſez
rarement) quelques Chants de ces Modes, qui finiſſent ſur le *Mi*
de b.*fa,♮.mi*, comme l'Antienne *Inter veſtibulum*, que l'on chante
à la benediction des Cendres, qui eſt de l'vn de ces Modes : L'Inuitatoire du iour de Noël, *Chriſtus natus eſt*, teſmoigne par ſa fin,
en eſtre auſſi, quoy qu'à la verité, elle tienne beaucoup du neufiéme, auſſi gouuerne-il le *Venite*, qui eſt de ce Mode. Cét Inuitatoire
eſt tranſpoſé en beaucoup d'endroits d'vne Quinte plus bas que
ſon naturel ; & l'on ne peut pas ſoûtenir, qu'il ſoit du troiſiéme ou
du quatriéme Mode, à cauſe du *fa*, qui eſt en b.*fa,♮.mi*, qui s'y rencontre principalement en montant, ce qui ne peut eſtre, ny dans
l'vn, ny dans l'autre de ces deux Modes, voyez comme il doit eſtre
noté en ſon naturel.

Chriſ- tus   na-   tus eſt   no- bis :   Ve - ni te

a-   do-re-   mus.   Ve-ni te   exultemus Domino, &c.

De la Tranſpoſition des Modes.

CHAPITRE XXV.

IL y a de pluſieurs ſortes de Tranſpoſitions qui appartiennent
à la Muſique figurée, dont ie n'entretiendray pas le Lecteur,
parce que l'on ne s'en ſert iamais dans le Plain-chant, eſtans propres particulierement à ceux qui touchent l'Orgue, ou quelques
autres Inſtrumens, leſquels peuuent tranſpoſer toutes ſortes de
Modes, d'vn ton plus haut, ou plus bas, & meſme dauantage, par le
benefice d'vn charactere, qu'ils nomment Dieze, qui leur fait trouuer des Semi-tons, ſur toutes les cordes, & ſur tous les degrez de la
Gamme. Ie parleray ſeulement des Tranſpoſitions, qui ſe rencontrent dans le Plain-chant, & qui ſe font de ♮.quarré, en b.mol, d'vn
Diapente, ou d'vn Diateſſaron plus haut, ou plus bas que le naturel.

l'ay dis au Chap.16. de cette Partie, que tous les Modes dans
leur ſiege naturel, ſont par ♮.quarré, & que le b.mol ne s'y rencontre iamais que par accident : cela eſtant tres-veritable, & ſans con-
tredit ; il s'enſuit que tous les Chants, qui ſont notez par b.mol,

font tranſpoſez, ſelon meſme le ſentiment du R.P. Kircher dans ſon liu. 5. *De Simphoniurgia, cap.* 7. §. 1 1 1. *De varia conſtitutione Tonorum,* qui dit *Notandum Muſicos Modos propriè in ſcala dura poni, cum verò reperitur aliquis in ſcala molli tranſpoſitus eſſe cenſebitur.*

On en peut encor tranſpoſer, ſans ſe ſeruir du b. mol, ſpeciale-ment les Modes imparfaits, & les Neutres ; & pour ce i'introduits de deux ſortes de Tranſpoſitions, l'Imparfaite, qui eſt celle dans la-quelle on ne ſe ſert point du b. mol : & la Parfaite, qui ſe fait de ♮. quarré en b. mol.

L'Imparfaite ſe fait, quand le Diapente du Mode tranſpoſé, eſt ſemblable au Mode où ſe fait la Tranſpoſition, ainſi que le Diapen-te *Re, La,* qui conuient au 1. 2. 9. & 10. Modes : lors que les Chants n'embraſſent pas beaucoup d'Interualles eſloignez, & qu'il ne s'y fait point de Muance, comme ſont pluſieurs Antiennes, dont l'eſtenduë du Chant, n'outrepaſſe pas la deduction des ſix voix, à ſçauoir *vt, re, mi, fa, ſol, la.*

Exemple de la Tranſpoſition d'vne Antienne, du premier au
  neuſiéme, qui ſe fait d'vne Quinte plus haut que ſon naturel.

Tranſpoſé.

Sede à dextris meis.   Sede à dextris meis, dixit Dominus, &c.

Exemple du 2. Mode tranſpoſé au 10.

Tranſpoſé.

Laudate.   Laudate Dominum omnes gentes.

Exemple du 4. dans le Mode reietté.

Tranſpoſé.

Fide li a, &c. Fide li a omnia mandata e ius, &c. in ſæ cu-

lum ſæ cu li.

Exemple du 6. dans le 12. Mode.

Benedictus.   Benedictus Dominus Deus me us.

Le

Le 7.& le 11. ayans leur Diapente, *Vt, fol,* femblables, peuuent eftre tranfpofez de l'vn à l'autre, quand le Chant ne monte pas plus haut que le *La.* Exemple.

Tranfpofé.

Sit nomen,&c. Sit nomen Domini be ne dictum in facula.

Ainfi vous voyez l'Antienne *Martyres Domini*, & toutes les au-tres de ce Mode, qui font tranfpofées d'vne Quinte plus bas, pour les faire finir en G*re,fol,vt*, afin de les pouuoir dire du 8.Irregulier.

Tranfpofé.   Naturel.

Martyres Domini,&c. Martyres Domini Dominum benedicite in

æ ter num.

Les Tranfpofitions parfaites, embraffent pour l'ordinaire, tout le Diapafon, en forte qu'il ne s'y en peut point faire, que par le b. mol, qui change la fituation du Diapafon, mais ce changement n'alterant point la fituation des Semi-tons, ne peut alterer, ny chan-ger le Mode, ainfi qu'il fe remarque par les deux Exemples fuiuans, du tranfport des Diapafons du 1. Mode, & du 3. par lefquels vous pourrez iuger de tous les autres.

Diapafon du 1.dans le Naturel.   Tranfpofé d'vn Diateffaron plus haut.

1.Semi-ton.   2.Semi-ton.   1.Semi-ton.   2.Semi-ton.

Il fe voit qu'il n'y a point de difference du tout, que dans la fitua-tion du Diapafon, le premier Semi-ton du Tranfpofé, eftant entre le 2.& 3.degré, de mefme qu'au Naturel; & pareillement, le fecond Semi-ton, entre le 6.& 7.degré du Naturel, & du Tranfpofé.

Diapafon du 3.dans le Naturel.   Tranfpofé d'vn Diateffaron plus haut.

L'on peut iuger des Semi-tons, comme au premier Exemple, qui fe rencontrent entre le 1.& 2.degré, & entre le 5.& 6. & dans le naturel, & dans le tranfpofé.

Par ce moyen, l'on peut tranfpofer toute forte de Chants. Ie commence par le 1.Mode, qui fe tranfpofe d'vne Quarte, ou Dia-teffaron plus haut. Exemple du 1.Mode.

Sal

Sal- ue Re- gi- na, &c.   Et Iesum be ne dictũ fructũ, &c.

O   cle- mens, &c.

Cette Transposition se rencontre dans le 3. Respons des Matines
de sainte Agnes, *Amo Christum*, qui est du premier iusques à la
reprise, & dés la reprise, il entre dans le septiéme : voicy comme il
commence.

A mo Christum.

A ce propos ie vous diray, que i'ay remarqué dans l'Antiphonaire, & dans le Graduel, quelques Chants que les Copistes ont
voulu transposer, qui ne l'ont fait qu'en vne partie du Respons, ou
de l'Antienne, ce qui rend ces Chants tres-difficiles à entonner, &
leur oste toute l'harmonie ; I'en rapporteray icy deux Exemples,
l'vn du ℟. *Domine ne*, qui est le premier des Matines du Dimanche
apres l'Epiphanie, l'autre de l'Antienne, *Aue senior Stephane.*

Ce Respons est transposé en G. *re, sol, vt*, d'vn Diatessaron plus
haut que son siege naturel, iusques à la reprise *Miserere mei*, sans
alteration d'vne seule Note, estant du 1. parfait, ne contenant iustement que les Interualles de son Diapason : Depuis la reprise *Mise-*
rere, il est noté iusques à la fin dans son naturel, & comme il monte
vne seule fois en e. *mi, la*, il prend la qualité de plus que Parfait.

Pour donner à ce Respons vne iuste harmonie, il faudroit qu'il
fut noté tout entierement, ou dans son naturel, ou dans le transport, n'ayant pû estre changé par ces Copistes, que par vne pure
ignorance, pour ne pas connoistre la force du Mode ; si l'on veut
laisser *Domine ne*, dans sa transposition, il faut transposer *Miserere*,
en l'esleuant d'vne Quarte. Exemple.

Do- mi- ne ne, &c. cor ri - pi as   me.   Mise re- re

me i, &c.   in- fir mus   sum.   Ti mor, &c.

Pour mettre *Domine ne* en son naturel, il faut l'abbaisser d'vne
Quarte, & laisser *Miserere*, comme il est noté. Exemple.

Do- mi ne ne in i ra tu a, &c. cor ri- pi as me:

Mife re- re me- i Do- mi ne, &c. in fir mus fum.

Voila (à mon aduis) comme il faut noter ce Refpons, tel que ie
l'ay veu dans vn vieux Antiphonaire, à l'vfage de l'ordre de Cluny,
imprimé à Paris, l'An 1543. & non pas du Tranfpofé, ny moins encor le laiffer comme il eft moitié tranfpofé, moitié en fon naturel,
d'autant que cela ne fait qu'embarraffer ceux, qui ne font pas encor
bien verfés dans le Chant ; outre que ie trouue de l'alteration en
quelque façon dans le Tranfpofé, en ce qu'il faut dire *fa*, en e. *mi, la*,
qui eft contre l'ordre de la Gamme, & contre l'vfage du Chant
Gregorien.

Le fecond Mode, peut eftre tranfpofé de la mefme façon que le
premier, à fçauoir d'vn Diateffaron plus haut, que fon fiege naturel,
comme il fe voit aux *Kyrie Eleifon* des Dimanches de l'Aduent, &
du Carefme, qui font notez dans le Graduel en G. *re, fol, vt*, qui eft
le fiege du tranfport, comme

Chant du 2. tranfpofé d'vn Diateffaron.

Ky- ri e E- le i fon, &c. Ky- ri e

Chant du 2. dans fon naturel.

E- le i fon. Ky- ri e E- le i fon, &c.

Ky- ri e E- le i fon.

L'on remarque le troifiéme tranfpofé d'vn Diateffaron plus
haut, dans la fin du 1. Refpons des Matines du iour de l'Afcenfion,
Poft paffionem, comme par cét Exemple.

ab o cu lis e- o rum, Al le- lui a.

La tranfpofition du 4. Mode, fe fait pareillement d'vn Diateffaron plus haut que fon naturel, comme il fe remarque à la fin de
l'Antienne, *Aue fenior Stephane.*

N

gra tiſ ſi ma tu a . interuen ti . o ne.

Cette Antienne eſt notée dans ſon commencement, du 4. natu-rel, iuſqu'aux mots *qui inter agmina*, qu'elle entre dans le 4. tranſ-poſé, & y finit, qui eſt vn erreur, qui ſe remarque particulierement par le Mode ſtable, que cette Antienne gouuerne, qui contre ſa nature commence au meſme ton, que l'Antienne finit, & dont l'In-tonation doit eſtre d'vne Quarte plus haut.

Pour donner à cette Antienne, ſa iuſte harmonie, il la faut noter entierement dans ſon naturel, ou dans la tranſpoſition, ce qui ſe peut faire ſans aucune alteration.

Pour la noter dans ſon naturel, il faut abbaiſſer le Chant d'vne Quarte, apres la diction *paradoxe*, à cauſe qu'apres cette diction, tout le Chant entre dans la tranſpoſition. Exemple.

A- ue ſe- ni or   Stephane, &c. pa ra do-   xe,

qui in ter   agmina ple bis, &c. interuen ti o ne. Magnificat.

Pour noter cette Antienne dans le tranſpoſé, il faut hauſſer le commencement de l'Antienne d'vne Quarte, iuſques aux dictions *qui inter agmina.* Exemple.

A- ue ſe- ni or   Stephane, &c. pa ra do-   xe,

qui in ter   agmina, &c. interuen ti o ne. Magnificat.

Ie n'ay point trouué de tranſpoſition parfaite du 5. ny du 6. Modes, quoy qu'elles ſe puiſſe faire d'vn Diateſſaron plus haut, comme par cét Exemple.

Ecce Sacerdos ma-   gnus qui in di e-   bus, &c.

Le ſeptiéme Mode, ſe tranſpoſe d'vn Diapente plus bas que ſon naturel, en C. *vt, fa*, comme ie l'ay veu dans l'Antiphonaire ancien de Cluny, à l'Antienne de l'Inuention de S. Eſtienne, *Ex odoris,* comme icy.

Ex

Ex o- do ris mi ra flagranti a fanitas æ gro tis,&c.

. La Profe de S.Laurent,qui finit de ce Mode,eft tranfpofée dans nos Liures, d'vn Diateffaron plus haut que le naturel, c'eft à dire en c.*fol, vt, fa*, vne Octaue plus haut que la tranfpofition de cette Antienne. Exemple.

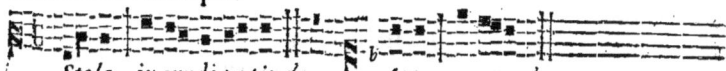

Stola iu cundi ta tis,&c. *Ante regem,&c.*

Le huitiéme Mode, fe tranfpofe du Diateffaron plus haut que fon naturel, comme il fe voit par l'Antienne, *Artus febre* de S.Martin, qui eft notée dans cette tranfpofition, dans les anciens Liures de ce Diocefe,à laquelle on a fait fuiure le Mode ftable du fixiéme par erreur, & pour ne pas connoiftre la tranfpofition de ce Mode, voicy comme il eft noté.

Artus febre fa tifcen tes, fpi ri tu i,&c. *E u o u a e.*

Pour le mettre en fon naturel,il le faut noter de cette forte.

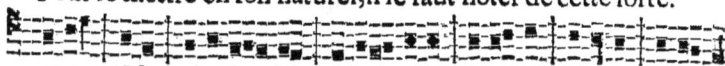

Artus febre fatifcen tes, fpi ri tu i fer ui re cogebat: ftrato-

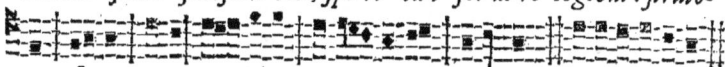

que fu o illo no bi li ci li- ci o recubans,&c. E u o u a e.

Le 9.& le 10.Modes, fe tranfpofent d'vn Diapente plus bas que le naturel, à fçauoir en D. *re ,fol*, par b. mol ; Il y a beaucoup de Chants de ce Mode,qui font tranfpofez dans les Liures de ce Diocefe,comme ie l'ay fait voir au Chap.20. où ie renuoye le Lecteur, pour ne rien repeter.

Ie ne diray rien icy non plus , de la tranfpofition de l'onziéme, & du douziéme Modes, pour en auoir parlé affez amplement aux 22.& 23.Chapitres, où i'ay montré, que la plus grande partie des Chants de ces deux Modes, font tranfpofés, comme les Antiennes de la Vierge, *Alma Redemptoris mater*, & *Regina cœli*, celuy-cy du 12..& l'autre de l'11.Modes.

Des Modes stables, ou Modes de Psalmodie.

CHAPITRE XXVI.

APres auoir montré assez amplement la diuersité des Modes variés, distinguez par les diuisions raisonnables, que nous auons faites de leur Diapason : Il est à present necessaire, de donner la connoissance des Modes stables. I'ay dis dans le 2. Chapitre de cette Partie, qu'il y en a dix, contre le sentiment de beaucoup qui soûtiennent qu'il n'y en a que huit, faisans passer les deux autres pour irreguliers, & les appliquans l'vn au 4. l'autre au 8. Modes.

Quelques-vns plus nouueaux, ont voulu faire passer le neufiéme pour le premier Mode, & afin de le distinguer du veritable premier, ils l'ont appellé le premier Mode particulier, parce que dans sa transposition, il en a quelque chose : Pour moy i'estime que ces deux Modes, que l'on appelle irreguliers, ne peuuent estre appliquez ny au premier, ny au quatriéme, non plus qu'au huitiéme, parce que s'ils en tiennent quelque chose, ce n'est que par accident, tout de mesme que le 2. & le 8. n'ont rien de different que leur fin, qui pourtant les distingue tout à fait l'vn de l'autre. De plus, s'il y auoit de deux sortes de premiers, de 4. & de 8. ils ne seroient pas Modes stables, c'est à dire sans aucune varieté, & la difference qui se rencontreroit entre le 1. naturel, & le 1. particulier ; entre le 4. naturel, & le 4. irregulier ; & entre le 8. naturel, & le 8. irregulier, les mettroit au nombre des Modes variés, ce qui feroit entre eux vne confusion : D'ailleurs, ces deux Modes ayant chacun leur siege naturel, & les Antiennes qui les gouuernent, estans du 9. & du 10. l'on ne peut les faire passer pour irregulieres, leurs Antiennes ne l'estant pas. Ie dis donc qu'il y a dix Modes stables, qui comprennent, & composent toute la Psalmodie : Ces Modes sont regis par les Antiennes, qui sont comme leurs gouuernantes, & leurs conductrices, n'y en ayant point qui n'ait sous sa puissance vn ou plusieurs Pseaumes, qui suiuent le Mode de l'Antienne.

Ils sont appellez Modes stables, ou fermes, pour les distinguer des autres, que i'ay nommé cy-dessus Modes variés, parce qu'ils ne peuuent estre changez en aucune façon, mais doiuent estre chantez chacun selon leur genre, sous vne seule modulation, sans aucune varieté.

                                                            Diui

Diuifion des Modes de la Pfalmodie.

CHAPITRE XXVII.

D Ans la Pfalmodie, quatre chofes font neceffaires à obferuer, à fçauoir, l'Intonation, la Teneur, ou Dominante, la Median-te, ou Mediation, & la Terminaifon.

L'Intonation, eft le commencement du Chant de chaque Ver-fet des Pfeaumes : il y en a de deux fortes, la Feftiue qui eft com-pofée, & la Ferielle qui eft fimple.

La Teneur, eft vn Chant que les Praticiens nomment *in tono recto*, c'eft à dire, vne continuation de Chant, dans vn mefme fon, qui fe rencontre depuis la fin de l'Intonation, iufques à la Media-tion, & dés la Mediation, iufques au commencement de la Termi-naifon, & qui s'augmente, ou fe diminuë, felon la longueur ou la briefueté du verfet, fon fiege eft fur le degré de l'Intonation Ferielle.

La Mediante, ou Mediation, eft le lieu où l'on fait la paufe, au milieu du verfet, que les Nouueaux ont indiqués par vne petite eftoille : dans cette Mediation, il fe fait vn changement, ou vne compofition de Chant, à tous les Modes, horfmis au 1. & au 6.

La Terminaifon, eft, vn affemblage de Notes, qui compofent vne Cadence fingulierement à chaque Mode, & qui les diftingue l'vn de l'autre, par la diuerfité des Chants, qui s'y rencontrent. Aux vns il n'y en a que d'vne forte, comme au 2. au 6. & au 9. aux autres il y en a de plufieurs fortes ; Ces differentes Terminaifons font marquées dans l'Antiphonaire, à la fin des Antiennes, par la diction *Euouae*, qui eft compofée des voyelles *fæculorum. Amen.*

Le fiege où refide la Teneur de chaque Mode, eft appellé Note dominante, laquelle confiderée auec la Note finale de l'Antienne, qui gouuerne le Pfeaume, fait la diuifion des Modes ftables, com-me par les Regles fuiuantes.

Re, La,	Re, Fa,	Mi, Fa,	Mi, La,	Fa, Fa,	Fa, La,
Primus,	Secundus,	Tertius,	Quartus,	Quintus,	Sextus,

Vt, Sol,	Vt, Fa,	Sol, La,	Re, Sol.
Septimus,	Octauus,	Nonus,	Decimus.

N 3

La premiere des deux Notes, est la Note finale de l'Antienne, & l'autre c'est la Note dominante, où reside la Teneur du Pseaume. Exemple.

Fin de l'Ant.   Teneur.   *Euouae.*   Fin de l'Ant.   Teneur.   *Euouae.*
du 1.Mode.   du 2.Mode.

Fin de l'Ant.   Teneur.   *Euouae.*   Fin de l'Ant.   Teneur.   *Euouae.*
du 3.Mode.   du 4.Mode.

Fin de l'Ant.   Teneur.   *Euouae.*   Fin de l'Ant.   Teneur.   *Euouae.*
du 5.Mode.   du 6.Mode.

Fin de l'Ant.   Teneur.   *Euouae.*   Fin de l'Ant.   Teneur.   *Euouae.*
du 7.Mode.   du 8.Mode.

Fin de l'Ant.   Teneur.   *Euouae.*   Fin de l'Ant.   Teneur.   *Euouae.*
du 9.Mode.   du 10.Mode.

Par ces Exemples, l'on voit la connexité qu'il y a entre la fin de l'Antienne & la Teneur des Pseaumes, d'où dépend la diuision des Modes stables.

Voyons à present chaque Mode en particulier, & examinons leurs Intonations, Teneurs, Modulations, & Terminaisons.

Des Intonations, Teneurs, Mediations, & Terminaisons de chaque Mode stable, ou de Psalmodie.

CHAPITRE XXVIII.

Du 1. Mode.

LE premier Mode de Psalmodie a déux Intonations, l'vne Festiue, qui commence en F. *vt, fa,* l'autre Ferielle, qui est en a. *mi, la, re,* sa Teneur reside sur le mesme degré d'a. *mi, la, re :* Il a deux Mediations, l'vne des Pseaumes, l'autre des Cantiques Euangeliques, & quatre Terminaisons, comme il se voit dans Lullus *cap. de Musicâ,* deux desquelles on supprime en quelques Eglises de ce Diocese, plustost pour chercher la briefueté, que pour la raison de ceux qui disent, que c'est vn Chant monacal.

Into

Intonation | Intonation | Teneur. | Mediation des | Mediation des Cantiques
feſtiue. | ferielle. | | Pſeaumes. | Euangeliques.

1.Terminaiſon.   2.Terminaiſon.   3.Terminaiſon.   4.Terminaiſon.

Du 2. Mode.

Ce Mode a trois Intonations, l'vne Feſtiue, l'autre des Cantiques Euangeliques, & la troiſiéme Ferielle : ſa Teneur eſt en F. *vt, fa.* Il a deux Mediations, l'vne des Pſeaumes, l'autre des Cantiques, & vne ſeule Terminaiſon. Exemple.

Intonation | Intonation des | Intonation | Teneur. | Mediation des | Mediation des
feſtiue. | Cantiques. | ferielle. | | Pſeaumes. | Cantiques.

Terminaiſon.

Du 3. Mode.

Le troiſieme Mode de Pſalmodie a deux Intonations, l'vne Feſtiue, l'autre Ferielle, ſa Teneur eſt en c.*ſol, vt, fa.* Il a deux Mediations, & trois Terminaiſons. Exemple.

Intonation | Intonation | Teneur. | Mediation des | Mediation des
feſtiue. | ferielle. | | Pſeaumes. | Cantiques.

1.Terminaiſon.   2.Terminaiſon.   3.Terminaiſon.

Du 4. Mode.

Ce Mode a deux Intonations, la Feſtiue, & la Ferielle ; ſa Teneur eſt en a.*mi, la, re :* Il a deux Mediations, & deux Terminaiſons. Exemple.

Intonation | Intonation | Teneur. | Mediation des | Mediation des
feſtiue. | ferielle. | | Pſeaumes. | Cantiques.

1.Terminaiſon.   2.Terminaiſon.

Du 5. Mode.

Ce Mode a deux Intonations, l'vne Feſtiue, l'autre Ferielle ; ſa Teneur eſt en c.*ſol, vt, fa,* & a deux Mediations, & trois Terminaiſons. Exemple.

Intonation | Intonation | Teneur. | Mediation des | Mediation des
feſtiue. | ferielle. | | Pſeaumes. | Cantiques.

1.Terminaiſon.   2.Terminaiſon.   3.Terminaiſon.

Du 6. Mode.

Les Intonations, Teneurs, & Mediations, tant des Pſeaumes, que des Cantiques Euangeliques, ſont ſemblables à celles du premier Mode, quant à la Terminaiſon, il n'en a que d'vne ſorte. Exemple.

| Intonation | Intonation | Teneur. | Mediation des | Mediation des Canti- | Terminaiſon. |
| feſtiue. | ferielle. | | Pſeaumes. | ques Euangeliques. | |

Du 7. Mode.

Le ſeptiéme a deux Intonations, ſa Teneur eſt en d. *la, re, ſol.* Il a deux Mediations, & quatre Terminaiſons. Exemple.

| Intonation | Intonation | Teneur. | Mediation des | Mediation des Cantiques |
| feſtiue. | ferielle. | | Pſeaumes. | Euangeliques. |

| 1. Terminaiſon. | 2. Terminaiſon. | 3. Terminaiſon. | 4. Terminaiſon. |

Du 8. Mode.

Ce Mode a trois Intonations, l'vne Feſtiue, l'autre des Cantiques, & la troiſiéme Ferielle; ſa Teneur eſt en c. *ſol, vt, fa.* Il a deux Mediations, & trois Terminaiſons. Exemple.

| Intonation | Intonation des | Intonation | Teneur. | Mediation des | Mediation des Cantiques |
| feſtiue. | Cantiques. | ferielle. | | Pſeaumes. | Euangeliques. |

| 1. Terminaiſon. | 2. Terminaiſon. | 3. Terminaiſon. |

Du 9. Mode.

Ce Mode a deux Intonations, l'vne Feſtiue, l'autre Ferielle; il eſt le ſeul qui a deux Teneurs; la premiere qui eſt entre l'Intonation, & la Mediation, eſt en e. *mi, la :* l'autre qui eſt entre la Mediation, & la Terminaiſon, eſt en d. *la, re, ſol :* ces deux Teneurs le rendent (ſelon mon ſentiment) le plus beau, & le plus agreable de tous les Modes, il n'a qu'vne Mediation, & vne Terminaiſon. Exemple.

| Intonation | Intonation | Teneur. | Mediation. | 2. Teneur. | Terminaiſon. |
| feſtiue. | ferielle. | | | | |

Du 10. Mode.

Le dixiéme a deux Intonations, la Feſtiue, & la Ferielle, ſa Teneur eſt en d. *la, re, ſol.* Il a deux Mediations, & trois Terminaiſons. Exemple.

| Intonation | Intonation | Teneur. | Mediation des | Mediation des Cantiques |
| feſtiue. | ferielle. | | Pſeaumes. | Euangeliques. |

| 1. Terminaiſon. | 2. Terminaiſon. | 3. Terminaiſon. |

Fin de la ſeconde Partie

TROISIESME PARTIE,
DV TON DV CHOEVR.
CHAPITRE I.

DANS la premiere Partie de ce Liure, i'ay donné la con-noissance du Plain-chant, & la methode de l'apprendre. La seconde Partie a pleinement informé des Modes. Dans cette derniere, i'enseigne comment il les faut mettre en vsage, & les moyens de bien & reglément obseruer la Psalmodie, les accents Ecclesiastiques, & generalement tout ce qui despend du Chant dans le Chœur.

Pour y paruenir il faut commencer par l'explication de ce terme, *Ton du Chœur* ; mais auparauant il est necessaire de distinguer ce que quelques-vns confondent ensemble; à sçauoir, la Dominante, la Mediante, ou Mediation, & la Teneur, que plusieurs appellent Ton du Chœur.

La Dominante est vne Note, ou voix assise sur vn degré parti-culier à chaque Mode, sur lequel chaque Chant s'arreste plus, que sur aucun autre degré.

La Mediante, ou Mediation, est l'endroit où l'on fait la pose, au milieu de chaque verset des Pseaumes.

Et la Teneur, est vn Chant, ou vn Son ferme, qui ne s'esleue ny ne s'abbaisse, que l'on continuë dans la Psalmodie sur le degré de la Note dominante, entre l'Intonation & la Mediation, & entre la Mediation iusqu'à la Terminaison de chaque verset, voyez la 2. Partie, chap. 27.

Cette Teneur n'est destinée que pour les Modes stables, mais les Modes variés, ont aussi bien leur Dominante que les Modes de Psalmodie, comme vous auez veu au 4. chap. de la 2. Partie.

Le Ton du Chœur, est vn Son d'vne mediocre éleuation, qui tient le milieu entre le Son graue, & le Son aigu.

O

Tellement que si la Dominante, & la Teneur, sont prises dans vn Son graue, ou dans vn Son aigu, elles ne seront pas dans le Ton du Chœur.

Pour bien conceuoir le Son dans la mediocre éleuation, dont ie viens de parler, il se faut considerer au milieu du Son le plus graue de la Gamme, & du plus aigu : le plus graue se retrouue sur le premier degré, qui est *Gamma vt*, & le plus aigu est sur le dernier degré, nommé *cc.sol, fa* ; le degré qui tient le milieu entre le dix-huit, qui composent la Gamme, est a.*mi, la, re.* : pource i'estime que le Ton du Chœur, reside sur ce degré, & partant que les Notes dominantes de tout le Chant de l'Eglise, & les Teneurs des Pseaumes y doiuent estre prises & entonnées ; mais pour bien prendre le Ton sur ce degré iustement, & comme il conuient, c'est la difficulté, à moins que d'auoir pratiqué long-temps quelque Chœur bien reglé, ou d'auoir vn Orgue pour y prendre le Ton à la touche, ou bien vne Clochette qui ait ce mesme Son d'a.*mi, la, re,* comme i'ay veu en quelques endroits, au Son de laquelle l'on commence *Deus in adiutorium.*

L'on peut dire encor', que le Ton du Chœur est le milieu de l'estenduë de la voix d'vne personne, qui a l'organe dans vne iuste mediocrité : Comme la pluspart des hommes ont cét organe mediocre, le Ton du Chœur a esté mis dans cette mediocrité, afin qu'on ne soit point forcé dans le Chant, par vne trop grande éleuation de voix, ou par vn trop profond abbaissement : mais comme il se rencontre des hommes, qui ont la voix creuse & grosse, & d'autres aiguë, il faut considerer cét organe de trois façons : La mediocre, dont ie viens de parler, qui est la plus commune, & la plus naturelle ; La graue, qui se rencontre aux hommes qui ont vne grosse voix, & l'aiguë à ceux qui en ont vne gresle & haute. Les Musiciens appellent Tailles ceux qui ont la premiere organe ; les seconds Bassecontres ; & les troisiesmes Hautecontres.

Il n'y a point, ou peu de personnes, qui dans l'estenduë de leur voix, ne puissent faire huit ou neuf Interualles simples, de degré à degré, aux organes mediocres, le milieu de ces Interualles, qui est le cinquiéme degré ; est le son du Ton du Chœur ; aux graues, & basses, c'est le huitiéme, ou neufiéme degré ; & aux aiguës ou gresles, c'est le second, ou troisiéme ; ainsi il est necessaire, que pour garder le Ton du Chœur, ceux qui sont de la categorie des organes mediocres, le prennent au Ton qu'ils parlent le plus ordinaire,

                                                              ceux

ceux qui ont la voix creufe, doiuent le prendre d'vn Son, qui leur paroit en quelque façon aigu, au regard de leur voix ; & ceux qui l'ont grefle, le prendront au regard de leur organe ordinaire, dans le Son graue, voila ce me femble tout ce qu'on peut dire du Ton du Chœur.

En quels Chants on doit obferuer le Ton du Chœur.

CHAPITRE II.

IL femble que le Ton du Chœur, ait efté eftably particuliere- ment pour les Modes de la Pfalmodie, tant à caufe que la Pfal- modie eft de plus grande eftenduë, que tout le refte qui fe chante, que parce qu'elle n'embraffe pas dans fa Modulation, beaucoup d'Interualles efloignez, comme font les Modes variés, dont la pluf- part contiennent huit degrez d'eftenduë, & d'auantage ; au lieu que la Pfalmodie ne contient que trois Tons, en quelques Modes, quatre ou cinq, & fort rarement fix en d'autres : ainfi toute la Pfal- modie, & toutes les Antiennes qui gouuernent les Pfeaumes, doi- uent eftre chantées dans le Ton du Chœur.

De plus, tous les verfets, tant ceux qui ouurent l'Office, comme *Domine labia mea. Deus in adiutorium. Conuerte nos, &c.* que ceux qui fe chantent dans la fuite.

Semblablement les Chapitres, les Oraifons, & les Leçons, autant qu'il fe peut, ie dis autant qu'il fe peut, parce qu'il fe pourroit ren- contrer des perfonnes, qui auroient la voix ou fort creufe, ou extra- ordinairement aiguë, qui ne pourroient pas continuer vne Leçon, au Ton du Chœur, d'autant que ce Ton feroit trop aigu aux voix graues, & trop bas aux voix aiguës ; en telle forte qu'à celles-cy le Chant de la Leçon approcheroit du filence, & à celles-là, ce feroit plûtoft braire, que chanter ; tellement qu'en ce rencontre, l'on peut chanter les Leçons, fans obferuer le Ton du Chœur, comme auffi les Epiftres, & les Euangiles, fi ceux qui les chantent fe forcent tant foit peu, en gardant le Ton du Chœur.

Les Chantres, Soû-Chantres, Choriftes, & autres qui donnent l'Intonation aux Chants des Modes variés, comme Refpons, Introi- tes, Offertes, &c. obferueront autant qu'ils pourront, que la Domi- nante de ces Modes, foit prife au Ton du Chœur.

Comment il faut considerer le Ton du Chœur, au regard des Dominantes,
& des Teneurs.

CHAPITRE III.

LE Ton du Chœur, estant vn Son mediocre, entre le Son graue & le Son aigu, n'a point de Note determinée pour s'exprimer, & si ie l'ay assigné sur le degré d'*a.mi, la, re*, ç'a esté seulement pour y prendre le son, & non pas pour se seruir des voix, ou syllabes qui sont affectées à ce degré : Il suit les Notes dominantes de chaque Mode, prenant quelquefois vn *La*, comme au Premier, Sixiéme, & Neufiéme, d'autrefois vn *Fa*, comme au Second, Troisiéme, Cinquiéme, & Huitiéme, & enfin vn *Sol*, ainsi qu'au Septiéme, & Dixiéme Modes.

Quant à ce qui se chante sans Notes, comme les Oraisons, Chapitres, Leçons, Versets, &c. il suit leur Teneur qui est vn *Fa*.

Ces trois differentes Notes, à sçauoir, *La, Sol, Fa,* qui comprennent toutes les Dominantes, & les Teneurs de tout le Chant de l'Eglise, sont chantées en vn mesme Son, & souffrent la Muance implicite entre elles, qui se fait de syllabe en syllabe, ou de voix en voix, comme ie l'ay expliqué dans la premiere Partie, chap. .... & non pas par augmentation, ny par diminution de Sons : tellement que toutes les Dominantes, & les Teneurs des Pseaumes, doiuent estre considerées immobiles, au regard du Son, & au contraire, les Notes finales des Antiennes, sont mobiles aussi au regard du Son.

Pour donner vne claire intelligence de ce que ie viens de dire, & du Son immobile des Dominantes, il les faut considerer sur vne mesme ligne sans Clef, & les entonner d'vn mesme Son. Exemple.

Dominante du 1. Mode.	Domin. du 2.	Domin. du 3.	Domin. du 4.	Domin. du 5.	Domin. du 6.	Domin. du 7.	Domin. du 8.	Domin. du 9.	Domin. du 10.
La,	Fa,	Fa,	La,	Fa,	La,	Sol,	Fa,	La,	Sol.

Remarquez ces Dominantes dans l'Exemple suiuant, auec la Note finale de l'Antienne, où l'on voit de combien de degrez les Notes finales des Antiennes sont esloignées des Notes dominantes des Pseaumes. En haut ce sont les Notes dominantes, & en bas les Notes finales. Exemple.

I.

1.　2.　3.　4.　5.　6.　7.　8.　9.　10.

Re la, Re fa, Mi fa, Mi la, Fa fa, Fa la, Vt fol, Vt fa, Sol la, Re fol.

De tant plus les Notes finales font efloignées des Dominantes, de tant plus auffi elles font entonnées d'vn fon graue.

La Note finale du troifiéme Mode, eft efloignée de fa Dominante, d'vne fixiéme.

Les Notes finales du Premier, du Cinquiéme, & du Septiéme, font efloignées de leurs Dominantes, d'vne Quinte.

Celles du Quatriéme, du Huitiéme, & du Dixiéme, le font d'vne Quarte.

Celles du Second, & du Sixiéme, d'vne Tierce.

Et finalement, celle du neufiéme, d'vn Ton.

Mettons en pratique ce que ie viens de dire, & voyons la maniere auec laquelle il faut chanter les Antiennes, felon le Ton du Chœur.

Des Antiennes, & comment il les faut appliquer aux Pfeaumes,
felon le Ton du Chœur.

CHAPITRE IV.

LEs Peres Grecs ont efté les premiers, qui ont compofé des Antiennes, & qui les ont chanté dans les Eglifes d'Orient, & du depuis la couftume en paffa en l'Eglife vniuerfelle : Elles font appellées Antiennes, à caufe de la Pfalmodie, à laquelle elles refpondent, car *Anti* fignifie en Latin, *contra*, & *phonos, fonus,* ou voix.

L'Antienne eft l'indice du Chant du Pfeaume, qui la fuit, *quafi ante Pfalmum fonans* (dit Durantus:) & l'on ne dit point d'Antienne, dans tout le court de l'Office, qui n'ait vn, ou plufieurs Pfeaumes, qu'elle gouuerne & regit ; tellement qu'on peut dire, que l'Antienne eft le principe de la Pfalmodie.

Pour faire bien, & iufte l'Intonation d'vne Antienne, il faut obferuer deux chofes.

La premiere ; Que l'Antienne ait rapport au Chant, qui la precede.

Et la feconde : Il eft neceffaire de connoiftre de quel Mode elle eft, afin que l'on puiffe entonner le Pfeaume qui la fuit dans fon

O 3

Mode, en forte que la Dominante conuienne auec celle du Pfeaume,en vn Son égal.

Pour ce qui eſt de la conuenance qu'il faut qu'ait l'Antienne, au
Chant qui la precede, cela s'entend au regard du Ton du Chœur,
auquel il faut neceſſairement qu'elle ait rapport.

OBSERVATION I.

Si l'Antienne eſt de meſme Mode que le Chant qui la precede,
ou ſi la Note dominante eſt la meſme , ou ſi elle conuient de nom
auec celle de ce Chant, l'on ordonnera la premiere Note de l'Antienne,à la derniere du Chant precedent , comme l'on feroit à vne
ſuitte d'vn meſme Chant. Exemples.

Chant precedent.	Guidon.	Suitte du chant precedent.

Al le lu i a. Ant. *Hoc eſt præceptum meum.*

Chant precedent.	Fin de l'Antienne. Guidon.	Suitte

Ant.*Vos amici me i eſtis,&c. dicit Do minus.* Ant. *Bea ti*

du chant precedent. Fin de l'Ant. Guidon.	Autre ſuite du precedent

mundo corde,&c. Videbunt. *In pa tien ti a veſtra.*

OBSERVATION II.

Si l'Antienne n'eſt pas du meſme Mode , que le Chant qui la
precede, ou ſi les ſyllabes ou voix des Dominantes, tant du Chant
precedent que du ſuiuant, ſont differentes , par exemple vne, *La,*
l'autre *Fa,* ou *Sol*, pour lors il faut faire la Muance implicite, changeant la ſyllabe de la Dominante du Chant qui precede, en celle
de la Dominante du Chant qui ſuit,en gardant le meſme Son.

Exemple du *Fa,* changé en *La.*

Chant precedent. Dominantes en meſme Son.	Guidon.	Suitte du precedent.

Al le lu i a. *Fa* changé en *La.* Ant. *Be a- tus es.*

Exem

Exemple du *Fa*, changé en *Sol*.

Chant precedent.　　　Dominantes en mefme Son.　　　Suitte du precedent.

Ant. *Bonorum meorum.*　*Fa* changé en *Sol.*　　*Inclina Do mi ne.*

Exemple du *Sol*, changé en *La*.

Chant precedent.　　　Dominantes en mefme Son.　　　Suitte du precedent.

Ant. *Iuſtus Do minus. Sol* changé en *La.* Guidon. *Habi tabit.*

Exemple du *Sol*, changé en *Fa*.

Chant precedent.　　　Dominantes en mefme Son.　　Guidon.　Suitte du precedent.

Ant. *Apud Dominum. Sol* changé en *Fa.*　re.　*De fructu.*

Exemple du *La*, changé en *Sol*.

Chant precedent.　　　Domin. en mefme Son.　Guidon.　Suitte du precedent.

Ant. *Tecum princi pium. La* changé en *Sol. vt.*　*Redemptionem.*

Exemple du *La*, changé en *Fa*.

Chant precedent.　Domin. en mefme Son.　Guidon.　Suitte du precedent.

Ant. *Inclinauit. La* changé en *Fa.*　　*Cre di di.*

OBSERVATION III.

Quant au ſecond poinct, qui eſt d'entonner les Pſeaumes apres
les Antiennes : il n'y a aucune Mutation à obſeruer, mais ſeulement ſuiure comme vne continuation de Chant qui precede, &
moyennant que l'Antienne ſoit chantée ſelon le Ton du Chœur,
ie n'y vois aucune difficulté, d'autant que le Pſeaume ſuit toûjours
le Mode de l'Antienne. Exemple.

Antienne du 7. Mode.　　　　Pſeaume du 7. Mode.

Ant. *Alle lu- i a.*　Pſ. *Dixit Dominus Domino me o, &c.*

OBSERVATION IV.

Apres les Pſeaumes, les Antiennes ſe repetent au Ton du Pſeaume, comme eſtant vne continuation de Chant, autrement le Ton
du Chœur ſeroit renuerſé. Exemples.

du 1.
Mode.

ſæ cu lo rum a men.   Ant. *I te di ci te Io an ni.*

du 2.
Mode.

ſæ cu lo rum a men.   Ant. *Mi ſe ra tor Do- minus.*

du 3.
Mode.

ſæ cu lo rum a men.   Ant. *Cum   complerentur.*

Ces Exemples donnent vne intelligence pour tous les autres
Modes.

Autre maniere pour appliquer les Antiennes aux Pſeaumes.

L'on peut encor d'vne autre façon conferer les Antiennes, les
vnes auec les autres, à ſçauoir, par les Notes finales, ſi on les conſidere mobiles au regard du Son, & du Ton du Chœur ; ce qui eſt
tout le contraire des Dominantes, qui doiuent eſtre immobiles au
regard du Ton du Chœur, comme i'ay dis au Chapitre precedent,
en parlant de l'éloignement inégal des Notes finales, auec les Dominantes.

Il faut donc conſiderer, que les Notes finales ſont eſloignées
des Dominantes, les vnes également, les autres plus, & les autres
moins.

Celles qui ſont également eſloignées, le ſont, les vnes d'vne
Quinte, d'autres d'vne Quarte, & les autres d'vne Tierce.

Les Notes finales éloignées d'vne Quinte de leurs Dominantes, ſont celles du premier Mode, du cinquiéme, & du ſeptiéme.

Celles du quatriéme, du huitiéme, & du dixiéme, ſont éloignées de leurs Dominantes d'vne Quarte.

Les autres qui le ſont d'vne Tierce, ſont celles du ſecond, & du
ſixiéme.

Toutes ces Notes finales, ſont entonnées d'vn Son égal, dans le
rencontre de leur éloignement égal.

Quant aux finales du troiſiéme, & du neufiéme, elles ſont ſin-
gulieres, celle du troiſiéme eſtant éloignée de ſa Dominante, d'vne
ſixiéme ; & l'autre, d'vn Ton tant ſeulement.

OBSER.

OBSERVATION I.

Quand deux Modes concourent, dont les Notes finales font éloignées également de leurs Dominantes, pour lors l'on fait fur les Notes finales la Muance implicite, de la mefme forte que fur les Dominantes, c'eft à dire, que le changement fe fait feulement de fyllabe en fyllabe, & non pas de fon en fon, comme par les Exemples fuiuans.

Exemples des Antiennes, dont les fins font éloignées d'vne Quinte de leurs Dominantes.

Concurrence du 1. Mode, auec le 7.

Chant precedent du 7.   Notes finales en mefme fon.   Guidon.   Suitte du precedent du 1. Mode.

Ant. *Confiderabam.* *Vt* changé en *Re.* Ant. *Cænantibus autem.*

Concurrence du 7. Mode, auec le 1.

Chant precedent du 1.   Finales en mefme fon.   Guidon.   Chant du 7.

Ant. *Prædicans.* *Re* changé en *Vt. fol.* Ant. *Voce me-a.*

Concurrence du 5. Mode, auec le 7.

Chant du 7.   Finales en mefme fon.   Guidon.   Chant du 5.

Ant. *Omnes.* *Vt* changé en *Fa, fa.* Ant. *Ecce Dominus veniet.*

Exemples des Antiennes, dont les Notes finales font éloignées d'vne Quarte.

Concurrence du 4. Mode, auec le 8.

Chant du 8.   Finales en mefme fon.   Guidon.   Chant du 4.

Ant. *Bonum eft.* *Vt* changé en *Mi. fa.* Ant. *Metuant Dominum.*

Concurrence du 8. Mode, auec le 4.

Chant du 4.   Finales en mefme fon. Guidon.   Chant du 8.

Ant. *Credo videre.* *Mi* changé en *Vt.* Ant. *Domine abftraxifti.*

P.

Concurrence du 10. *Mode, auec le* 8.

| Chant du 8. | Finales en mesme son. | Guidon. | Chant du 10. |

Ant. *Vim faci ebant.* *Vt* changé en *Re.* *vt.* Ant. *Confundantur.*

Concurrence du 10. *Mode, auec le* 4.

| Chant du 4. | Finales en mesme son. | Guidon. | Chant du 10. |

Ant. *Habitabit.* *Mi* changé en *Re.* *vt.* Ant. *Posu i sti Do-mine.*

Quant aux Antiennes du second Mode, & du sixiéme, dont les Notes finales sont éloignées d'vne Tierce : le rapport dans leur concurrence, ne peut pas estre iuste au regard des finales, à cause que la Tierce est mineure au 2. Mode, & majeure au 6. & partant lors qu'ils concourent, il faut se seruir de la seconde Obseruation cy-dessus rapportée, aux Exemples du *Fa,* changé en *La,* & du *La,* changé en *Fa.*

Concurrence des *Notes finales*, inégalement esloignées des *Dominantes*.

Lors que les Modes concourent, dont les Notes finales sont éloignées de leurs Dominantes, plus ou moins, ou inégalement, il les faut considerer de deux façons.

L'vne quand les Dominantes sont nommées par vne mesme voix, ou syllabe, comme *La,* aux premier, quatriéme, sixiéme, & neufiéme Modes ; *Fa,* aux second, troisiéme, cinquiéme, & huitié-me Modes ; & *Sol,* aux septiéme, & dixiéme.

L'autre quand ils concourent au contraire, c'est à dire, lors que la voix, ou syllabe de la Dominante, est differente, comme quand vn Mode, dont la Dominante se termine en *La,* concourt auec vn autre Mode, qui a sa Dominante en *Sol,* ou en *Fa.*

OBSERVATION I.

Si les Modes concourent, dont les Dominantes ayent la voix, ou syllabe pareille ; pour lors il n'y aura aucune difficulté dans l'In-tonation des Antiennes, à cause qu'il ne se fait aucune Mutation sur la Dominante, tellement qu'en ce rencontre, il n'y a qu'à obser-uer vne continuation, comme si c'estoit vn mesme Chant, comme il se remarque par les Exemples suiuans.

Exem

Exemples des Antiennes qui ont leurs Dominantes en *La.*

Concurrence du 1. Mode, auec le 4.

Chant du 4. Finale. Guidon. Chant du 1.

Ant. *Secus decursus aquarum.* Ant. *Prædicantes.*

Concurrence du 4. Mode, auec le 1.

Chant du 1. Finale. Guidon. Chant du 4.

Ant. *Sede à dextris meis.* Ant. *Fidelia.*

Concurrence du 6. Mode, auec le 1.

Chant du 1. Finale. Guidon. Chant du 6.

Ant. *Tu solus altissimus.* Ant. *Benedixisti.*

Concurrence du 9. Mode, auec le 1.

Chant du 1. Finale. Guidon. Chant du 9.

Ant. *Corpora sanctorum.* Ant. *Martyres Domini.*

Exemples des Antiennes qui ont leurs Dominantes en *Fa.*

Obseruez qu'il faut supposer les Antiennes du 2. Mode, à la Clef de c. *fol, vt, fa,* afin qu'elles concourent auec les autres, dont les Dominantes sont en *Fa.*

Concurrence du 8. Mode, auec le 2.

Chant du 2. Finale. Guidon. Chant du 8.

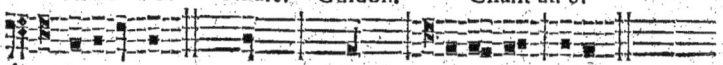

Ant. *Inuocantem.* Ant. *Lætentur omnes.*

Concurrence du 3. Mode, auec le 2.

Chant du 2. Finale. Guidon. Chant du 3.

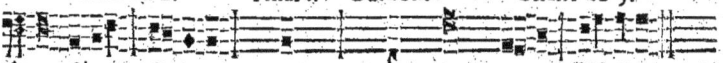

Ant. *Sicut lilium.* Ant. *Fauus distillans.*

Concurrence du 5. Mode, auec le 8.

Chant du 8. Finale. Guidon. Chant du 5.

Ant. *Dabo in Sion.* Ant. *Montes, & omnes colles.*

P. 2.

Concurrence du 8. Mode auec le 3.

Chant du 3.   Finale.   Guidon.   Chant du 8.

Ant. *Quoniam.*   Ant. *Hym num.*

Exemples des Antiennes qui ont leurs Dominantes en *Sol.*

Concurrence du 10. Mode auec le 7.

Chant du 7.   Finale.   Guidon.   Chant du 10.

Ant. *Exor-tum eſt.*   Ant. *Apud Dominum.*

Concurrence du 7. Mode auec le 10.

Chant du 10.   Finale. Guidon.   Chant du 7.

Ant. *Craſtina di e de le bi tur.*   Ant. *Magnificatus eſt.*

OBSERVATION II.

Quand les Modes concourent de la ſeconde façon, à ſçauoir,
lors que les voix, ou ſyllabes des Dominantes ſont differentes, &
que les Notes finales ſont éloignées inégalement : pour lors il faut
conferer les Dominantes, auec l'éloignement des Notes finales
qu'il conuient hauſſer ou abbaiſſer de Son, ſelon que l'éloignement
des Dominantes, eſt plus ou moins eſtendu ; en ſorte, que la finale
conuienne en vn Son eſgal, ſur vn degré qui ſoit éloigné de la
Dominante, d'vne pareille diſtance du Chant qui concourt, comme par les Exemples ſuiuans.

Du 1. Mode.

Les Modes qui peuuent concourir en cette maniere, auec le
Premier, ſont le Troiſiéme, le Huitiéme, & le Dixiéme.

Dans la concurrence d'vne Antienne du 3. Mode, ou du 8. apres
vne du Premier, il faut conferer D. *re, ſol,* qui eſt le ſiege, ou reſide
la finale du Premier, auec F. *vt, fa,* en ſuppoſant vn Son égal ſur ces
deux differens degrez, & dans cette ſuppoſition, changer *Re,* en *Fa.*
Exemple.

Fa eſt dans vn Son égal auec *Re,* dans la concurrence du 3. auec le 1.

Chant du 1.   Finale.   Guidon.   Chant du 3.

Ant. *Qui me con feſſus fu e rit.* Re changé en *Fa.*   Ant. *Qui ſe quitur me.*

Fa

Fa eſt dans vn Son égal auec *Re*, dans la concurrence du 8. auec le 1.

Chant du 1.　Finale.　　Guidon.　Chant du 8.

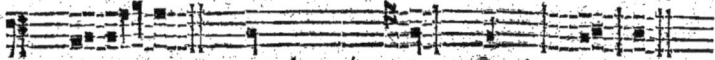

Ant. *Be a- tus.*　*Re* changé en *Fa.*　　Ant. *Tu es.*

Dans la concurrence du 10. Mode, auec le 1. l'on confere D. *re, ſol,* auec G. *re, ſol, vt,* en vn Son égal, changeant *Re* en *Vt.* Exemple. *Vt* eſt dans vn Son égal auec *Re,* dans la concurrence du 10. auec le 1.

Chant du 1.　　　Finale.　　　Guidon.

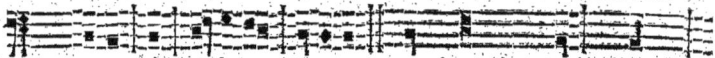

Ant. *Deus à Libano veniet.*　*Re* changé en *Vt.*

Chant du 10.

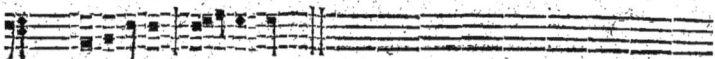

Ant. *Expectabo Dominum.*

Du 2. Mode.

Le ſeptiéme Mode, & le 10. ont concurrence auec le ſecond, en conferant la Note finale du 2. qui eſt en D. *re, ſol,* auec b. *fa, ♮. mi,* reduiſant ces deux degrez, en vn ſon égal, changeant *Re* en *Mi.* Exemple.

Mi eſt dans vn Son égal auec *Re,* dans la concurrence du 7. auec le 2.

Chant du 2.　　Finale.　　Guidon. Chant du 7.

Ant. *Genuit puerpera Regem. Re* changé en *Mi.* Ant. *Angelus.* *Mi* eſt dans vn Son égal auec *Re,* dãs la concurrence du 10. auec le 2.

Chant du 2. Finale.　　　Guidon.

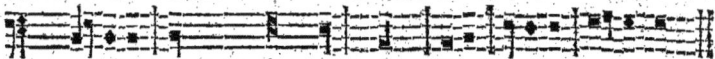

Ant. *Spiritus. Re* changé en *Mi.* Ant. *Ecce veniet Dominus.*

Du 3. Mode.

Aucun Mode ne peut concourir auec le 3. au regard de ſa Note finale, à cauſe qu'elle eſt éloignée de ſa Dominante d'vne ſixiéme mineure, & partant le rapport ſe fait tant ſeulement, au regard des Dominantes, ou des finales des autres Modes.

Du 4. Mode.

Le ſecond Mode, le 3. le 5. & le 7. peuuent concourir auec le Quatriéme, au regard de ſa Note finale, qui eſt ſur le degré de E. *mi, la.*

Quand ce Mode concourt auec le 2. il faut conferer cette finale, auec C. *vt, fa,* dans vn Son égal, changeant *mi,* en *vt.* Exemple.

P 3

Vt eſt dans vn Son égal auec *Mi*, dans la concurrēce du 2. auec le 4.

Chant du 4.　Finale.　　　Guidon.　Chant du 2.

Ant. *Germinauit.* *Mi* changé en *Vt.*　Ant. *Ecce Mari a.*

Quand le 4. Mode concourt auec le 3. & le 5. l'on confere E. *mi*, *la*, auec G. *re*, *sol*, *vt*, en vn Son égal, changeant *mi* en *sol*. Exemple. *Sol* eſt dans vn Son égal auec *Mi*, dans la concurrēce du 3. auec le 4.

Chant du 4.　Finale.　　　Guidon.　　Chant du 3.

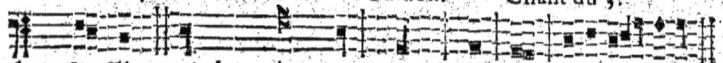

Ant. *Sancti.*　*Mi* changé en *Sol.*　Ant. *Hæc eſt genera- ti o.*

Sol eſt dans vn Son égal auec *Mi*, dans la concurrēce du 5. auec le 4.

Chant du 4.　Finale.　　　Guidon.

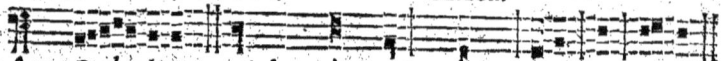

Ant. *Beth- leem.* *Mi* changé en *Sol.*　Ant. *Ecce iam venit.*

Dans la concurrence du 7. Mode, auec le 4. l'on confere E. *mi, la*, auec a. *mi, la, re*, changeant *Mi* en *Re*. Exemple. *Re* eſt dans vn Son égal auec *Mi*, dans la concurrence du 7. auec le 4.

Chant du 4.　Finale.　　　Guidon.　Chant du 7.

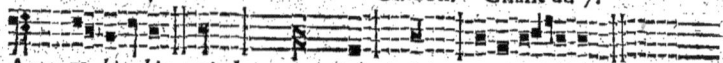

Ant. *Habitabit.* *Mi* changé en *Re*.　Ant. *Caro me- a.*

Du 5. Mode.

Le 4. Mode, le 6. & le 10. peuuent concourir auec le Cinquié-me, au regard de ſa Note finale.

Quand le Quatriéme, & le Sixiéme, concourent auec ce Mode, il faut conferer ſa finale, qui eſt ſur le ſiege de F. *vt, fa*, auec D. *re*, *sol*, en vn Son égal, changeant le *Fa* en *Re*. Exemple. *Re* eſt dans vn Son égal auec *Fa*, dans la concurrence du 4. auec le 5.

Chant du 5.　Finale.　　　Guidon.　　Chant du 4.

Ant. *E le ua- mini.* *Fa* changée en *Re*.　Ant. *Credo vi de re.*

Re eſt dans vn Son égal auec *Fa*, dans la concurrence du 6. auec le 5.

Chant du 5.　Finale.　　　Guidon. Chant du 6.

Ant. *Pa ra tur.* *Fa* changée en *Re*.　Ant. *In vo ce.*

Quand le 5. Mode concourt auec le 10. l'on ſuppoſe F. *vt, fa*, auec G. *re*, *sol*, *vt*, en vn Son égal, changeant *fa*, en *vt*. Exemple.

Vt.

Vt est dans vn Son égal auec *Fa*,dans la concurrêce du 10.auec le 5.

Chant du 5. Finale. Guidon.

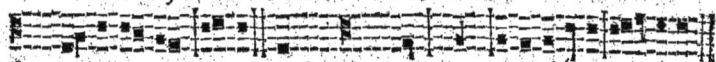

Ant.Haurie tis aquas. Fa chãgé en *Vt.* Ant. *Egredietur Dominus.*

Du 6. Mode.

Le sixiéme Mode ne peut point souffrir de concurrence, au regard de sa Note finale, à cause qu'elle contient vne Tierce majeure, iusqu'à sa Dominante ; & partant il faut faire vn autre rapport, soit au regard des Dominantes, soit à celuy des Finales des autres Modes.

Du 7. Mode.

Le 3. Mode, le 4. le 6. le 8. & le 9. peuuent concourir auec le septiéme, au regard de sa Finale.

Quand le 3. & le 8. concourent auec le 7. il faut supposer G. *re*, *sol*, *vt*, en vn Son égal auec F. *vt*, *fa*, changeant *vt*, en *fa*. Exemple.

Fa est dans vn Son égal auec *Vt*,dans la concurrence du 3. auec le 7.

Chant du 7. Finale. Guidon. Chant du 3.

Ant. *Adiuuabit eam. Vt* changé en *Fa.* Ant.*Hæc est quæ nesciuit.*

Fa est dans vn Son égal auec *Vt*,dans la concurrence du 8.auec le 7.

Chant du 7. Finale. Guidon. Chant du 8.

Ant.*Non sunt loquela. Vt* changé en *Fa.* Ant. *Exaudiat.*

Aux concurrences du 4.Mode,du 6.& du 9.auec le 7. le rapport du Son égal, auec la Finale du 7. se fait en D. *re*, *sol*, changeant *vt*, en *re*. Exemples.

Re est dans vn Son égal auec *Vt*,dans la concurrence du 4.auec le 7.

Chant du 7. Finale. Guidon. Chant du 4.

Ant. *Iustus Do- minus. Vt* changé en *Re.* Ant. *Habitabit.*

Re est dans vn Son égal auec *Vt*,dans la concurrence du 6.auec le 7.

Chant du 7. Finale. Guidon. Chant du 6.

Ant. *Inclina Domine. Vt* changé en *Re.* Ant. *Diligam te.*

Re

Re eſt dans vn Son égal auec *Vt*, dans la concurrence du 9. auec le 7.

Chant du 7.　　　　Finale.　　　　Guidon.

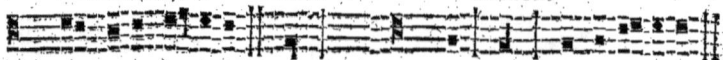

Ant. *Sit nomen Domini.*　　*Vt* changé en *Re.*　　Ant. *Nos qui viuimus.*

Du 8. Mode.

Le premier Mode, le 6. & le 7. peuuent concourir auec le 8. au regard de ſa Note finale.

Quand la concurrence du 1. Mode, & du 6. arriue auec le 8. l'on ſuppoſe G. *re, ſol, vt*, qui eſt le degré de la finale du 8. ſur le degré de E. *mi, la*, en vn Son égal, changeant *vt* en *mi*. Exemple.

Mi eſt dans vn Son égal auec *Vt*, dans la concurrèce du 1. auec le 8.

Chant du 8.　　　　Finale.　　　　Guidon.　　Chant du 1.

Ant. *Tanquam ſponſus.*　　*Vt* changé en *Mi.*　　Ant. *Diffuſa eſt.*

Mi eſt dans vn Son égal auec *Vt*, dans la concurrèce du 6. auec le 8.

Chant du 8.　　　　Finale.　　　　Guidon.　　Chant du 6.

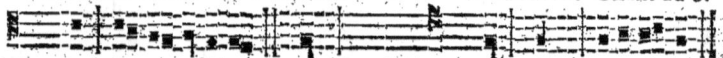

Ant. *Et in uo cabimus.*　　*Vt* changé en *Mi.*　　Ant. *Incli na te.*

Dans la concurrence du 7. Mode, auec le 8. l'on ſuppoſe la Note finale du 8. ſur le degré d'a. *mi, la, re*, en vn Son égal, changeant *vt*, en *re*. Exemple.

Re eſt dans vn Son égal auec *Vt*, dans la concurrence du 7. auec le 8.

Chant du 8.　　　　Finale.　　　　Guidon.　　Chant du 7.

Ant. *Ab hominibus iniquis.*　　*Vt* changé en *Re.*　　Ant. *Cuſtodi me.*

Du 9. Mode.

Il eſt plus à propos de faire concourir les autres Modes, auec le 9. ſur la Dominante, que ſur ſa Note finale, à cauſe qu'elle n'eſt éloignée de ſa Dominante, que d'vn Ton.

Du 10. Mode.

Les Modes du 1. du 2. & du 6. peuuent concourir auec le 10. au regard de ſa Note finale, qui eſt ſur le degré d'a. *mi, la, re.*

Quand les Modes du 1. & du 6. concourent auec le 10. il faut ſuppoſer a. *mi, la, re*, dans vn Son égal auec E. *mi, la*, changeant *Re* en *Mi*. Exemple.

Mi

Mi est dans vn Son égal auec *Re*, dans la concurrēce du 1. auec le 10.

Chant du 10.　　　Finale.　　　　　Guidon.

Ant. *Media autem nocte. Re* changé en *Mi.*

Chant du 1.

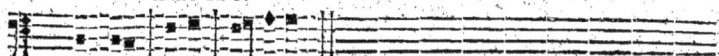

Ant. *Hæc est virgo sapiens.*

Mi est dans vn Son égal auec *Re*, dās la concurrence du 6. auec le 10.

Chant du 10.　　Finale.　　　　Guidon.　　　Chant du 6.

Ant. *Lætentur cœli. Re* changé en *Mi.* Ant. *Notum fecit Dominus.*

Dans la concurrence d'vne Antienne du 2. Mode, auec le 10.
la Note finale du 10. est supposé en C. *vt, fa,* dans vn mesme Son.
Exemple.

Vt est dans vn Son égal auec *Re*, dans la concurrence du 2. auec le 10.

Chant du 10.　　　　Finale.　　　　　Guidon.

Ant. *Da mercedem Domine. Re* changé en *Vt.*

Chant du 2.

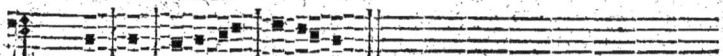

Ant. *Lex per Moysen data est.*

De la Psalmodie.

CHAPITRE V.

COmme la Psalmodie est le Chant le plus vsité dans l'Eglise,
l'on y doit auoir vn esgard d'autant plus grand, que ce Chant
n'est pas en Notes, comme le Chant varié.

I'ay dit dans la 2. Partie, chap. 27. que toute la Psalmodie consiste
en quatre poincts principaux, à sçauoir, en l'Intonation, en la Teneur, en la Mediation, & en la Terminaison.

Outre ces quatre choses principales, il est necessaire de garder
vne certaine mesure, dans le cours des paroles, en sorte que la Psalmodie soit quarrée, c'est à dire, qu'elle ne languisse pas, par vn long
retardement, en tirant, & traisnant les mots, & qu'aussi elle ne soit

Q

pas deffectueuse, par vne trop grande celerité , mais qu'il faut garder en tout vne bien-seance, & vne iuste mesure, & obseruer au
milieu de chaque verset,vne petite pause, de la longueur du temps
qu'il faut pour reprendre haleine , en faisant neantmoins distinction,entre les offices simples, semidoubles, doubles, & solemnels,
ainsi qu'il a esté ordonné par le Concile de Basle en ces termes.

Statuit hæc sancta Synodus,vt in cunctis Cathedralibus,ac Collegia-
tis Ecclesiis , horis debitis , laudes diuina per singulas horas, non cursim,
ac festinanter, sed tractim , & cum pausâ decenti , præsertim in medio
cuiuslibet versiculi Psalmorum , debitam faciendo inter solemne , & fe-
riale officium differentiam,reuerenter ab omnibus persoluantur.

L'on doit faire aussi quelque difference entre les Matines & les
Vespres, qui doiuent estre chantées auec plus de grauité , que les
petites heures.

De l'Intonation des Pseaumes,& Cantiques Euangeliques.

CHAPITRE VI.

IL y a de deux sortes d'Intonations, l'vne festiue, l'autre ferielle.
L'Intonation festiue,s'obserue aux festes doubles,semidoubles,
& Dimanches,côme aussi quand on porte Chappes dans le Chœur.

L'Intonation ferielle,est mise en vsage,quand on ne porte point
de Chappes dans le Chœur,aux festes simples,aux Offices *de Beatâ*
Mariâ in Sabbato, & *de Patrono,* aux Feries, & à l'Office des Morts,
excepté le iour de la Commemoration generale , & lors que le
Corps est present, ou aux Obseques solemnelles.

L'Intonation festiue, se forme à tous les Modes, sur les deux
premieres syllabes du Pseaume, excepté au 9.Mode,auquel elle est
faite sur la premiere syllabe , tellement que la troisiéme syllabe du
Pseaume, est le principe de la Teneur. Exemples.

Intonation du 1.Mode.	Teneur.	Intonation du 2.Mode.	Teneur.	Intonation du 3.Mode.	Teneur.
Dixit	*Dominus.*	*Dixit*	*Dominus.*	*Dixit*	*Dominus.*

Intonation du 4.Mode.	Teneur.	Intonation du 5.Mode.	Teneur.	Intonation du 6.Mode comme du premier.	Intonation du 7.Mode.	Teneur.
Dixit	*Dominus.*	*Dixit Dominus.*			*Dixit*	*Dominus.*

Into

Intonation Teneur.	Intonation Teneur.	Intonation Teneur.
du 8. Mode.	du 9. Mode.	du 10. Mode.

Dixit Dominus.   *In exitu.*   *Dixit Dominus.*

OBSERVATION I.

Quand le Pfeaume commence par vne diction de trois fyllabes, dont la feconde eft brefue, comme *Dominus. Benedic. Credidi,* &c. cette fyllabe brefue eft reputée pour rien, & n'eft pas contée, telle-ment que les deux Notes qui font jointes à la feconde fyllabe lon-gue, ne le feront en ce rencontre, que fur la troifiéme fyllabe, quoy qu'il foit noté autrement dans quelques Antiphonaires. Exemples.

du 1. Mode.	du 3.	du 4.	du 7.	du 10.

Dominus.   *Benedic.*   *Credidi.*   *Dominus.*   *Domine.*

OBSERVATION II.

Au fecond, cinquiéme, & huitiéme Modes, où l'on ne fait point de ionction de Notes, les fyllabes brefues font contées. Exemples.

du 2. Mode.	du 5.	du 8.

Dominus.   *Benedic.*   *Credidi.*

Il eft noté autrement dans quelques Antiphonaires ; mais c'eft vn erreur, à caufe que la premiere fyllabe porte deux Notes, ce qui eft contre l'ordre de l'Intonation, comme il fe voit en cét Exemple.

Pour approuuer ces deux Notes, il faudroit que l'on deû dire.

Dominus.   *Dixit.*

L'Intonation ferielle eft jointe à la Teneur, & fe fait en tous les Modes, fur la Note dominante, fans variation de voix. Exemple.

du 1. 4. & 6. Modes.	du 2. Mode.	du 3. 5. & 8.

Dilexi quoniam.   *Laudate Dominum.*   *Credidi propter.*

du 7. & 10.

Confitemini Domino.

OBSERVATION.

Tous les verſets des Pſeaumes, apres le premier, de quel Mode
que ce ſoit, ſont chantés dans cette Intonation ferielle, meſme aux
Feſtes les plus ſolemnelles. Exemple.

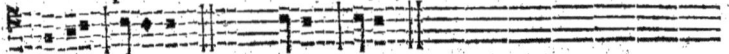

Dixit Dominus &c.   Donec ponam.

L'Intonation des Cantiques Euangeliques, ſe fait de la meſme
façon, que l'Intonation feſtiue, ſur tous les Modes, à la reſerue du 2.
& du 8. aux Feſtes doubles ſeulement ; Et quant aux autres iours,
l'on ſe ſert de l'Intonation feſtiue des Pſeaumes. Exemple.

du 2.   du 8.

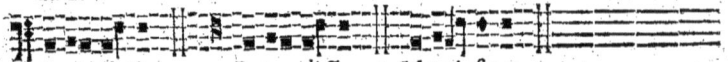

Be ne di ctus.   Be ne di ctus.   Magni ficat.

L'on obſerue l'Intonation feſtiue aux Cantiques, à tous les Offices, tant doubles que feriels, & meſme à l'Office des Morts.

OBSERVATION I.

Aux Feſtes doubles, cette Intonation ſe fait à tous les verſets,
tant du *Magnificat*, que du *Benedictus*. Exemples.

Magni ficat.   Et e re xit.   Be ne di ctus.   Et e re xit cornu.

OBSERVATION II.

Si la ſeconde ſyllabe eſt brefue, l'on ne prononce que la derniere
Note des deux compoſées, ioignant la premiere de ces deux Notes
à la premiere ſyllabe. Exemple.

Glo ri a Patri.   au lieu de dire   *Glo ri a.*

OBSERVATION III.

Au Cantique *Nunc dimittis*, l'on obſerue l'Intonation feſtiue
à tous Offices, meſme aux Feries (excepté le iour des Morts, aux
premieres & ſecondes Complies, & le Ieudy & Vendredy ſaints)
mais ſeulement au premier verſet, & non aux autres. Exemple.

Nunc di mit tis &c.   Quia viderunt.

De

De la Teneur.

CHAPITRE VII.

L A Teneur, eft vn Chant fimple, fait dans l'Vniffon, c'eft à dire, dans vn mefme Son, qui ne comprend aucun Interualle. Son fiege fe prend fur la Note dominante, à tous les Pfeaumes, en gardant le Ton du Chœur : Dans tous les autres Chants, la Teneur court fur la voix *Fa*, qui luy fert comme de Dominante ; Tout ce qui fe chante dans l'Eglife, a fa Teneur (les Modes variés exceptés) à fçauoir, la Pfalmodie, les Leçons, les Propheties, les Chapitres, les Verfets, les Oraifons, les Epiftres, & les Euangiles, tout cela eft chanté dans vne Teneur, qui ne les diftingue les vns des autres, que par des accents differens, compofez d'Interualles, comme vous verrez cy-apres, au Chap. 23. & par les Intonations, Mediantes, & Terminaifons differentes dans la Pfalmodie.

De la Mediation, ou Mediante, tant des Pfeaumes,
que des Cantiques Euangeliques.

CHAPITRE VIII.

Mediation du 1. & du 6. Modes.

L A Mediation du premier & du fixiéme, eft pareille ; Elle fe fait aux Pfeaumes, fur le degré de a.*mi,la,re*, fans aucune variation de Son, en forte qu'elle n'eft point differente de la Teneur, finon qu'il faut s'arrefter au milieu du Verfet. Exemple.

Mediation du 1.   Mediation du 6.

Domino meo.   *& nunc & femper.*

La Mediation des Cantiques, n'eft point differente de celle des Pfeaumes, finon aux Feftes doubles.

Mediation des Cantiques Euangeliques, aux Feftes doubles,
du 1. & 6. Modes.

Il ne fe fait point de Mediation fur le verfet *Magnificat*, en aucun Mode, à caufe de fa briefueté, n'y ayant que pour l'Intonation : mais aux autres Verfets, elle eft faite en cette forte.

Q 3

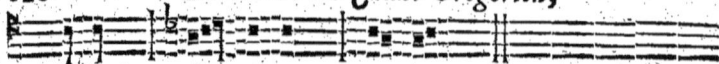

spi- ri tus   me- us.
po- ten-tes de   se de.
potentiam in   bra chi o   su o.
cor nu sa-   lu- tis   nobis.

OBSERVATION I.

Quand la penultiéme syllabe de la diction est brefue, ou qu'il eschet sur le poinct de la Mediation, ou Monofyllabe, sa penultiéme n'est point contée. Exemple.

Dominus   De- us   Ifraël.   Al tif fi mi vo ca ris.
à progenie   in pro- ge nies.   magna qui potens est.

OBSERVATION II.

On ne fait iamais l'éleuation de la Mediante, sur la derniere syllabe d'vne diction. Exemple.

il faut
dire

Pa tri   Pa- tri & Fi li o.
ma gna   magna qui potens est.

OBSERVATION III.

L'éleuation peut estre faite sur vn Monofyllabe. Exemple.

per os   fan cto rum.

Mediation du 2. du 5. & du 8. Mode.

La Mediation de ces trois Modes, est faite dans les Pseaumes, de deux syllabes longues, ou prononcées telles. Exemple.

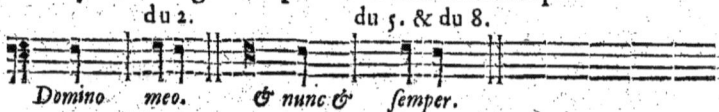

du 2.   du 5. & du 8.

Domino meo.   & nunc &   femper.

OBSERVATION I.

Si la penultiéme syllabe est brefue, l'on fait la Mediation fur l'antepenultiéme, comme en cét Exemple.

Patri &   Filio.
qui timet   Dominum.

OBSER

OBSERVATION II.

Si dans le poinct de la Mediation, il arriue vne diction Hebraïque, ou vn monofyllabe, l'éleuation de la Mediante, fe fait fur la
derniere fyllabe. Exemple.

Domine Danid. cognouifti me.
Sicut mons Sion. Impij non fic.

OBSERVATION III.

Si la diction Hebraïque, ou autre eftrangere, eft declinée, elle
aura la mefme force que la Latine : & pource l'on fera l'éleuation
de la Mediante, fur la penultiéme fyllabe, comme icy.

Fili a Iudæ.

Mediation des Cantiques Euangeliques, du 2. du 5. & du 8. Modes,
aux Feftes doubles.

Cette Mediation a deux éleuations, la premiere fe fait fur la
quatriéme fyllabe, qui precede le poinct de la Mediation, & l'autre
fur la penultiéme. Exemple.

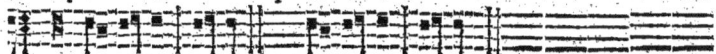

an cil læ fu æ. fa lu- tis nobis.
impleuit bonis. & nunc & femper.

OBSERVATION I.

Comme la quatriéme fyllabe, qui eft deuant le poinct de la Mediation, eft efleuée, & qu'elle contient deux Notes; fi cette quatriéme fyllabe eft brefue, il faut ioindre la premiere Note des deux
qu'elle contient, à la fyllabe qui precede, comme en cét Exemple.

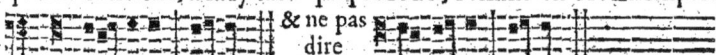

& ne pas
dire

fpi- ritus me us.   *fpi ri- tus me us.*

Il faut faire cette mefme obferuation, quand cette quatriéme
fyllabe, eft la derniere d'vne diction de deux fyllabes. Exemple.

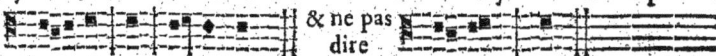

& ne pas
dire

ma- gna qui potens eft.   *ma- gna qui*
Pa- tri & Filio.   *Pa- tri &*

OBSER

OBSERVATION II.

Quand cette syllabe de la premiere éleuation, est longue, &
qu'elle est precedée d'vn monosyllabe, ou d'vne autre syllabe
longue, dans vne mesme diction, la syllabe brefue qui suit, n'est pas
contée. Exemple.

& ne pas dire

in brachio su o.   *in brachio.*
cum patribus nostris.

La derniere syllabe d'vne diction Hebraïque, a la mesme force
que le monosyllabe. Exemple.

& ne pas dire

Isra ël pu e rum.   *Israël pu- e rum.*

OBSERVATION III.

L'éleuation ne se fait iamais sur la derniere syllabe de la diction
polisyllabe, mais sur la precedente. Exemple.

& ne pas dire

po- tentes.   *poten- tes.*

OBSERVATION IV.

Si deuant le poinct de la Mediation, la penultiéme syllabe est
brefue, la derniere éleuation est faite sur la syllabe, qui precede la
brefue. Exemple.

in proge ni es.   *Patri & Fi li o.*

Il faut faire cette mesme obseruation, quand deuant le poinct
de la Mediation, il y a vn monosyllabe, ou vne diction estrangere.
Exemple.

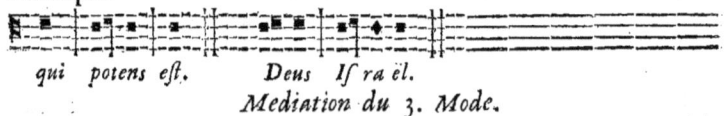

qui potens est.   *Deus Is ra ël.*

Mediation du 3. Mode.

Cette Mediation se fait, par vne éleuation sur la quatriéme syllabe, qui precede le poinct de la Mediation. Exemple.

in toto corde meo.   *& nunc & semper.*

II

Il ne se doit point faire d'inflexion, ou abbaissement de voix, à la penultiéme syllabe, comme quelques-vns l'obseruent, sinon aux Cantiques Euangeliques, aux Festes doubles, comme cy-apres, quoy que cette inflexion soit marquée dans quelques Antiphonaires, en cette sorte.

in to to corde me o.

OBSERVATION I.

La syllabe brefue, n'est pas comptée aux dictions de trois syllabes, ou dauantage. Exemple.

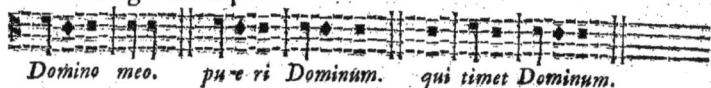

Domino meo. pu e ri Dominum. qui timet Dominum.

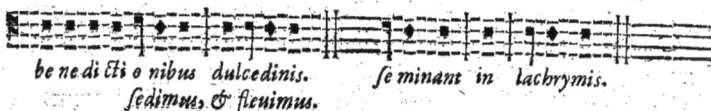

be ne di cti o nibus dulcedinis. se minant in lachrymis.
sedimus, & fleuimus.

OBSERVATION II.

L'éleuation ne se fait iamais sur la derniere syllabe de la diction, mais sur la syllabe longue qui la precede, sinon à la diction Hebraïque. Exemple.

implebit ru i nas. Israël in Domino.
nostrū & virtus. ex Basan conuertam.

Et ne pas dire :

implebit ru i nas. Israël in Domino.
nostrū & virtus. Basan conuertam.

Il s'obserue autrement au regard de la diction estrangere, quand il ne reste pas trois syllabes longues, ou equiualentes apres l'éleuation. Exemple.

Israël Dominum.
Misaël Domino.

& ne pas
dire :

Israël Dominum.
Misaël Domino.

R

OBSERVATION III.

L'on fait l'éleuation fur le monofyllabe, quand il fe rencontre.
Exemple.

confirmatum eft cor eius.
natus eft in ea.

& ne pas
dire

confirmatum eft cor eius.
natus eft in ea.

OBSERVATION IV.

Dans le poinct de la Mediation, le monofyllabe eft reputé pour rien, & n'eft point conté. Exemple.

in cœlum tu il lic es.
magna qui potens es.

Sol non vret te.
Quod locutus fum.

Quand il y a deux monofyllabes de fuitte, ils font contés.
Exemple.

fedes tua ex tunc.
de cli na te à me.

fcien ti a tua ex me.
Quoniam fpe-raui in te.

OBSERVATION V.

Il fe rencontre des Verfets, qui font fi courts, que l'on n'y peut faire, ny l'Intonation, ny la Teneur, principalement au Pfeaume 135. auquel on ne fait pas en ce Diocefe, la repetition *Quoniam in æternum mifericordia eius,* qu'aux premier & dernier Verfets : Pour lors l'on fait l'éleuation fur la premiere fyllabe du Verfet, ou fur la feconde. Exemple.

Lunam & Stellas.
Et redemit, nos.
Confitemini.

Qui percufsit.
Et occidit.
Qui dat efcam.

Qui fecit cœlos.
In manu potenti.
Hereditatem.

Il y a d'autres Verfets dans ce Pfeaume, qui n'ont que deux ou trois fyllabes, deuant le poinct de la Mediation, qu'il faut entonner de cette forte.

Qui facit.   *Solem.*   *Sehon.*   *Et Og.*

Autres

Quod parasti. *Qui facit hac.* *Domini est salus.*

Iustus es Domine. *Laqueus contritus est.*

Mediation du troisiéme Mode, aux Cantiques Euangeliques, quand l'office est double.

La Mediation aux Cantiques Euangeliques, se fait de mesme que celle des Pseaumes, quant à l'éleuation de la quatriéme syllabe: mais sur la penultiéme, il s'y fait vne inflexion ou abbaissement de voix, comme en cét Exemple.

ancilla su a. *spiritus meus.* *magna qui potens est.*
impleuit bonis. *puerum suum.* *Patri & Filio.*
salutis nobis. *patribus nostris.* *Deus Isra ël.*

Mediation du quatriéme Mode.

La Mediation de ce Mode, se fait par vne éleuation de voix, sur la penultiéme syllabe, deuant le poinct de la Mediation. Exemples.

Domino meo. *& Fi li o.* *Domine Dauid.*

Il n'y a point de difference de la Mediation de ce Mode, à celle du second, sinon au regard des degrez differens, sur lesquels elle est faite: & partant comme l'éleuation se fait sur les mesmes syllabes, on y doit faire les mesmes obseruations. Il en est de mesme, au regard de la Mediation des Cantiques. Exemples.

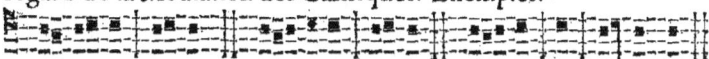

an cil læ su a. *spi-ri tus meus.* *ma-gna qui potens est.*

La Mediation du cinquiéme Mode, se fait comme celle du 2. la Mediation du sixiéme, comme celle du premier, ainsi que i'ay montré cy-dessus, où ie renuoye le Lecteur.

Mediation du septiéme Mode, dans les Pseaumes.

Cette Mediation, est quasi semblable à celle du troisiéme Mode, au regard de l'éleuation, d'autant que la mesme syllabe qui est esleuée sur le *sol*, de d.*la, re, sol*, dans le troisiéme Mode, est esleuée sur le *fa*, de f.*vt, fa*, au septiéme, & partant l'on fera dans ce Mode, les mesmes obseruations à ce regard, qu'au troisiéme, le reste s'obseruera comme aux Exemples suiuans.

quod locutus sum. cœlum tu illic es.
conculcabunt me. cœlos sunt Domino.
tuum Regi da. pueri Dominum.

gloriosa dicta sunt de te. declinate à me.
iniqui- tatis in me est. sedes tua ex tunc.
non sic impij non sic. tuo saluum me fac.

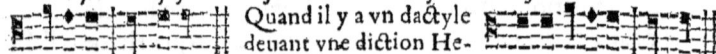

Quand il y a vn dactyle deuant vne diction Hebraïque de deux syllabes, il s'obserue autrement.

vitulum in Oreb. habitantibus Cedar.
Dominus ex Sion. Domine Dauid.
eam in Ephrata.

be nedicti o nibus dulcedinis. Iuxta te malignus.
beneplacita fac Domine. vsque ad occasum.
illic sedimus & fleuimus. per os sanctorum.
qui seminant in lachrymis. tecta sunt peccata.

Israël intende. Madian & Sisaræ.
ex Basan conuertam. Israël in Domino.

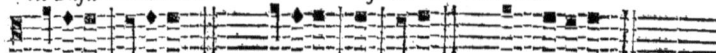

Misaël Domino. Domini est salus. Quod parasti.

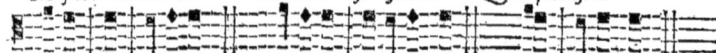

Iustus es Domine. Laqueus contritus est. Qui facit hæc.

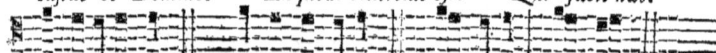

Et redemit nos. Lunam & stellas. Qui facit. Et Og.

Mediation du septiéme Mode, aux Cantiques Euangeliques,
quand il est double.

an cil læ su æ. spi- ri tus me us. magna qui potens est.
imple- uit bonis. pa- tribus nostris. Patri & Fi li o.
sa- lu- tis nobis. ten-tes de sede. De- us Is ra ël.

Mediation du 9. Mode.

L'éleuation se fait sur la quatriéme syllabe, deuant le poinct de la Mediation. Exemple.

Israël

Iſra ël   de Ægypto.   quod fugiſti.

OBSERVATION I.

Quand la quatriéme ſyllabe eſt vne brefue, elle n'eſt pas contée, & l'on fait l'éleuation ſur la precedente.

ſanctifi-cati o mea.
qui faciunt ea.

L'on fait la meſme obſeruation, lors que la penultiéme ſyllabe eſt brefue. Exemple.

ſperauit in Domino.   *vt a ri e tes.*
laudabunt te Domine.   *& non audient.*

OBSERVATION II.

Aux monoſyllabes, & aux dictions He-braïques, il ſe fait vne éleuation ſur les deux dernieres ſyllabes, comme

Dominus ſuper vos.
domui Iſra ël.

Mediation du 10. Mode, dans les Pſeaumes.

Cette Mediation ſe fait par vne inflexion de voix, ſur le degré de c. *ſol, vt, fa,* à la quatriéme ſyllabe, qui precede le poinct de la Mediation, & par vne éleuation ſur la penultiéme ſyllabe. Exemple.

In toto corde meo.   *& nunc & ſemper.*

OBSERVATION I.

Cette inflexion de voix, ſe fait indifferemment ſur les ſyllabes longues & brefues, comme auſſi ſur les dernieres de la diction. Exemples.

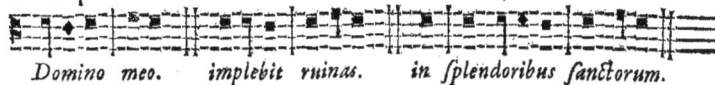

Domino meo.   *implebit ruinas.*   *in ſplendoribus ſanctorum.*

OBSERVATION II.

Quand la penultiéme ſyllabe eſt brefue, deuant le poinct de la Mediation, l'éleuation ſe fait ſur l'antepenultiéme. Exemples.

R 3

qui timet Dominum. Patri & Filio.

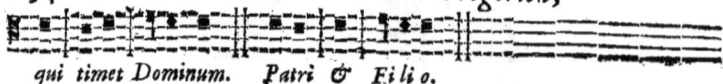

OBSERVATION III.

A la diction Hebraïque, & au monosyllabe, l'inflexion se fait sur l'antepenultiéme syllabe, & la derniere s'arreste sur e. *mi, la,* qui est le siege de la Note de l'éleuation. Exemple.

Dominus ex Sion. Domine Dauid. magna qui potens est.

Mediation du dixiéme Mode, aux Cantiques Euangeliques, quand il est double.

an cil la su a. spi ri tus meus. ma-gna qui potens est.

Il faut faire les mesmes obseruations à ce Mode, que celles qu'on fait au second Mode.

De la Terminaison, ou fin des Pseaumes, & des Cantiques.

OBSERVATION IX.

I'Ay fait voir dans la 2. Partie, au chap. 28. qu'il y a sept Modes, qui ont des Terminaisons differentes, à sçauoir le premier, qui en a 4. le troisiéme, 3. le quatriéme, 2. le cinquiéme, 3. le septiéme, 4. le huitiéme, 3. & le dixiéme, 3.

Ces differentes Terminaisons, naissent de la varieté des premieres Notes, ou des Chants differens des Antiennes, comme ie feray voir cy-après, au Chap. 11. c'est pourquoy la fin de chaque verset des Pseaumes, doit estre chantée, selon qu'elle est marquée à la fin des Antiennes, à l'*Euouae*, qui signifie *sæculorum Amen*, & non pas selon la fantaisie, comme quelques-vns le pratiquent.

Terminaisons du premier Mode, tant aux Pseaumes, qu'aux Cantiques.

1.   2.   3.   4.

sæculorum Amen. E uo ua e. E uo ua e. E uo ua e.

Les

Les trois premieres especes de Terminaison, commencent sur la quatriéme syllabe,qui precede la fin du verset,par vne inflexion de voix,faite du degré d'*a.mi, la, re* ,sur le degré de G.*re,sol,vt,* comme il se voit à la diction de *saculorum,*sur la syllabe *lo.*

A la derniere espece de Terminaison , il ne s'y fait ny abbaisse-ment, ny éleuation de Son, cette Terminaison estant jointe à la Teneur,sans aucune difference.

L'inflexion de voix des trois premieres Terminaisons,se fait in-differemment sur toute sorte de syllabes brefues ou longues, com-me aussi sur le monosyllabe & sur la derniere syllabe d'vne diction. Exemple.

læ ta bi tur in te.   à dextris me is.   mala non ti me bo.

pedum tu o rum.

OBSERVATION I.

Quand la penultiéme syllabe du verset est brefue, elle n'est pas contée. Exemple.

in saculum sæ cu li.   veritas & iu di ci um.

OBSERVATION II.

Quand le verset finit par vn monosyllabe, ou par vne diction Hebraïque ou estrangere,la derniere syllabe est reputée pour rien, & n'est pas contée. Exemple.

& omni a qua in e is sunt.   votum vouit De o Iacob.
& præ cin xit se.   ve nun da tus est Ioseph.
& non ipsi nos.   Deum tuum Sion.

La diction Hebraïque *Amen,* est exceptée , à cause que les Au-theurs du Chant,se sont seruy de ces deux dictions *saculorum Amen,* à la fin de toutes les Antiennes, pour indiquer la Terminaison de chaque verset des Pseaumes : ainsi ils ont fait passer, par priuilege, cette diction comme vne diction Latine.

OBSER

OBSERVATION III.

Quand il y a vne diction de trois syllabes, qui porte vn dactyle formel, ou equiualent, deuant le monosyllabe ; l'vsage en quelques endroits de ce Diocese, est d'esleuer la seconde syllabe du dactyle, sur les deux Notes composées. Exemple.

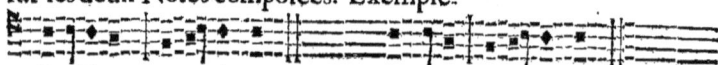

Luciferum ge nu i te.   *frumenti sa ti at te.*

Il s'obserue ailleurs en cette sorte, & il est plus methodique.

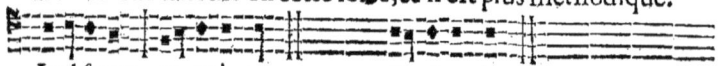

Luci ferum ge nu i te.   *sa ti at te.*

OBSERVATION IV.

Si le Verset se termine par deux ou trois monosyllabes, ils seront tous contés ; & si la diction Hebraïque se decline, elle aura la force de la diction Latine. Exemple.

loquebar pacem de te.   *Regem Amorrhao rum.*

OBSERVATION V.

Quand depuis la Mediation, iusques à la fin du Verset, il n'y a pas quatre syllabes longues, ou equiualentes, l'vsage, ou plustost l'abus, fait seruir la derniere syllabe du poinct de la Mediation, pour la premiere de la Terminaison, comme en cét Exemple.

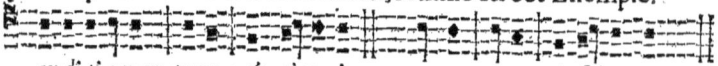

au di ti o nem tuam : & ti mu i.   *aurem tuam : & salua me.*

Comme le poinct de la Mediation est la chose qui doit estre obseruée le plus ponctuellement dans la Psalmodie, i'estime qu'il seroit beaucoup mieux, de dire en cette sorte.

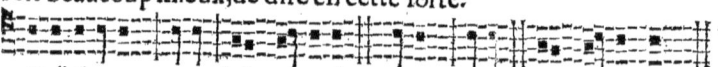

au di ti o nem tuam : & ti mu i.   *aurem tuam : & salua me.*

Dans la seconde espece de la Terminaison, les syllabes brefues, le monosyllabe, & la diction Hebraïque, s'obseruent comme aux Exemples suiuans.

in saeculum sa cu li.   *qua in e is sunt.*   *De o Ia cob.*

Termi

Terminaison du second Mode, tant aux Pseaumes,
qu'aux Cantiques.

sæ cu lo rum. Amen.

Ce Mode n'a qu'vne seule Terminaison, qui se commence par vne inflexion de voix, depuis F. *vt, fa*, iusques en E. *mi, la*, sur l'antepenultiéme syllabe de la fin du Verset.

Il faut faire les mesmes obseruations, que i'ay marqué cy-dessus, au regard de la syllabe brefue, du monosyllabe, & de la diction Hebraïque. Exemple.

me a Dominum.   multi plica ti sunt.   vouit De o Iacob.
in sæcula.   & præcinxit se.   læ ta ta est Sion.

OBSERVATION I.

Quand deuant la diction Hebraïque, il y a vn dactyle, ou vn mot equiualent ; cette diction est entonnée comme Latine, afin d'obseruer la quantité. Exemple.

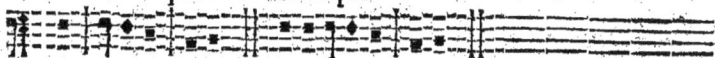

de canticis Sion.   tabernacula Iacob.

Terminaison du troisiéme Mode, tant aux Pseaumes,
qu'aux Cantiques.

1.   2.   3.

sæ cu lo rum Amen.   E u o u a e.   E u o u a e.

Les deux premieres especes, commencent leur Terminaison, par vn abbaissement de voix, du *fa*, de c. *sol, vt, fa*, au *mi*, de b. *fa* ♮ *mi*, sur la quatriéme syllabe, qui precede la fin du Verset.

La troisiéme espece, commence sa Terminaison sur l'antepenultiéme syllabe, de la fin du Verset, au *re*, d'a. *mi, la, re*.

Les mesmes Regles, que i'ay donné à la Terminaison du premier, doiuent estre obseruées à celle de ce Mode, comme aux Exemples suiuans.

Du Monosyllabe, qui se retrouue à la fin des Versets.

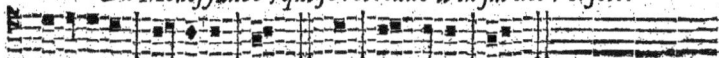

Luciferum ge nu i te.   & præcinxit se.
mul ti pli ça ti sunt.   & cre a ta sunt.

S

De la diction Hebraïque.

vouit De o Iacob.   *venundatus est Ioseph.*
Deum tuum Sion.   *fuit in terra Cham.*

Il s'obserue autrement quand il y a vn dactyle, ou vne diction equiualente deuant la diction Hebraïque, contenant deux syllabes, à cause qu'on pecheroit trop contre la quantité, si l'on gardoit la regle susdite. Exemple.

tabernacula Iacob.   *de canticis Sion.*

Du Dactyle à la fin, ou quand la penultiéme syllabe est brefue.

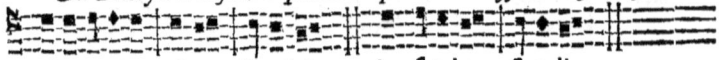

sapien ti æ timor Domini.   *in sæculum sæ cu li.*
exaltabitur in gloria.   *de populo barbaro.*

Exemples sur les obseruations cy-dessus, à la 3. Terminaison.

sede à dextris me is.   *& præ cin xit se.*   *veritas & iu di cium.*
loquebar pacem de te.   *genui te.*   *& in sæculum sæ cu li.*

nomen De i Ia cob.
Deum tuum Si on.

Terminaison du quatriéme Mode, tant aux Pseaumes,
qu'aux Cantiques.

1.   2.

sæ cu lo rum Amen.   *E u o u a e.*

La premiere espece de cette Terminaison, se prend sur la cinquiéme syllabe, qui precede la fin du Verset.

Le principe de cette Terminaison, se fait par vne inflexion, ou abbaissement de voix, dés a. *mi, la, re,* en G. *re, sol, vt,* soit que la syllabe soit longue, monosyllabe, ou derniere de la diction. Exemple.

i ni micorum tu o rum.   *se de à dextris meis.*

& sanctum no men eius.

OBSER

OBSERVATION I.

La penultiéme fyllabe brefue, la derniere de la diction Hebraïque, & le monofyllabe à la fin du Verfet, ne font pas contés.
Exemple.

laudate nomen Domini. nomen De- i Iacob. qua in e is funt.
& exal ta uit humiles. qui ode- runt Sion. in ue- nerunt me.

OBSERVATION II.

Si deuant le monofyllabe, il y a vn dactyle, ou vne diction equiualente, la penultiéme fyllabe doit eftre entonnée fur le mefme
degré, que l'antepenultiéme. Exemple.

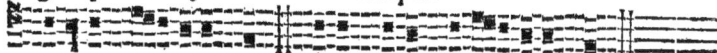

frumenti fa- tiat te. efcam dedit timen- tibus fe.

OBSERVATION III.

Quand vne diction de deux fyllabes Hebraïque, fuit vn dactyle,
cette diction eft entonnée comme la Latine. Exemple.

tabernacu la Iacob. de canti cis Sion.

OBSERVATION IV.

Lors que dés le poinct de la Mediation, iufques à la fin du verfet,
il ne refte pas affez de fyllabes, pour faire la Terminaifon, on l'obferue en cette forte.

Domine au di ui au di ti o nem tuam : & timui.

OBSERVATION V.

L'on fait cette Terminaifon à l'Office des Morts, comme
à l'exemple fuiuant, excepté le iour de la Commemoraifon.

Lux perpetua lu ce at e is. à pec ca to me o munda me.

Quant à la seconde espece, comme elle est dans vn son égal , &
& qu'elle n'est point differente de la Teneur , elle n'a pas besoin
d'observation.

Terminaison du cinquiéme Mode , tant aux Pseaumes ,
qu'aux Cantiques.

saculorum Amen.   *Enouae.*   *Enouae.*

Ces Terminaisons comprennent quatre syllabes longues. La
premiere éleuation, qui est en d. *la* , *re* , *sol* , ne se fait iamais sur la
derniere syllabe d'vne diction, ny sur vne syllabe bresue, mais sur
la precedente. Exemple.

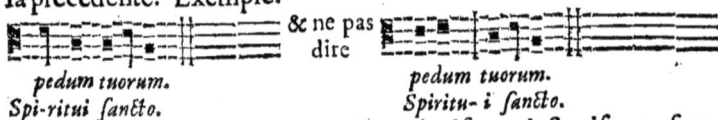

& ne pas
dire

pedum tuorum.   *pedum tuorum.*
Spi-ritui sancto.   *Spiritu-i sancto.*

La troisiéme espece de cette Terminaison, n'est mise en vsage,
que pour les Antiennes de l'onziéme Mode, comme il se remarque
assez dans l'Antiphonaire.

Exemples des dictions les plus difficiles, pour faire iustes les Terminaisons du cinquiéme Mode, selon les regles, & les observations
faites cy-dessus, aux autres Terminaisons.

Du Monosyllabe , à la fin du verset.

Conturbauerunt me.   *timorem Domini docebo vos.*
multiplicati sunt.   *Dominus suscepit me.*
en ce Diocese.   autre part.

Luciferum genu i te.   *Luciferum ge nu i te.*
quoniam voluit me.   *quoniam voluit me.*

De la diction Hebraïque.

vouit Deo Iacob.   *tabernacula Iacob.*
Deum tuum Sion.   *de canticis Sion.*

Du dactyle , ou de la diction, quand la penultiéme est bresue.

magna est gloria Domini.   *intro i bit Rex gloria.*

On

On fait l'éleuation, ſur vn Monoſyllabe.

tu a rum ne deſpi ci as.   *& præ cinxit ſe.*

A la troiſiéme Terminaiſon, l'on peut faire l'éleuation ſur la derniere ſyllabe d'vne diction. Exemple.

a ni ma me a Dominum.   *ſæ cu lo rum Amen.*

Exemples pour cette Terminaiſon, ſelon les obſeruations cy-deſſus.

contur ba uerunt me.   *eſt glori a Domini.*   *Domini do ce bo vos.*
læ ta ta eſt Si on.   *in ſæcu lum ſæcu li.*   *quoniam tu mecum eſt.*

Luciferum genu i te.   *tabernacu la Iacob.*
quoniam vo lu it me.   *de canticis Sion.*

Terminaiſon du ſixiéme Mode, tant aux Pſeaumes, qu'aux Cantiques.

ſæ cu lo rum   *Amen.*

Les obſeruations à faire ſur cette Terminaiſon, ſont quaſi les meſmes, que celles qui ſont marquées cy-deſſus, ſur la premiere Terminaiſon du premier Mode, pour eſtre compoſées toutes deux, de quatre ſyllabes longues: Cependant ie ne laiſſeray d'en marquer icy quelques Exemples, pour donner vne plus grande facilité, à bien obſeruer cette Terminaiſon.

multi pli ca ti ſunt.   *& ſpi ri tu i ſancto.*
vouit De o Iacob.   *læ ta bi tur in te.*
Domini Domino.   *de canticis Si on.*
la ta ta eſt Sion.   *tabernacula Iacob.*

Terminaiſon du ſeptiéme Mode, tant aux Pſeaumes, qu'aux Cantiques.

1.   2.   3.   4.

ſæculorum Amen.   *E u o u a e.*   *E u o u a e.*   *E u o u a e.*

Il y a quatre efpeces de Terminaifons en ce Mode, l'on obferue aux trois premieres, les mefmes regles ; la derniere differe des trois autres, tant feulement fur la penultiéme fyllabe du verfet, lors qu'elle eft brefue, ou quand c'eft vn monofyllabe, ou vne diction Hebraïque, en ce que cette penultiéme fyllabe eft prononcée au mefme Son que l'antepenultiéme, aux trois premieres efpeces, & à la derniere, cette penultiéme fyllabe eft prononcée au mefme Son que la derniere fyllabe du verfet. Exemple.

exaltauit humiles.   humiles.   humiles.   exaltauit humiles.

OBSERVATION I.

L'éleuation de la voix, ne fe fait iamais fur la derniere fyllabe d'vne diction, mais fur la precedente. Exemple.

fcabellum pedum tuorum.   in terra multorum.

La mefme regle doit eftre obferuée aux dictions qui portent vn dactyle, ou equiualent, quand la fyllabe brefue, efchet fur la Note de l'éleuation. Exemple.

annunciabit populo fuo.   & fpiritui fanéto.

OBSERVATION II.

Le monofyllabe, la diction Hebraïque à la fin du verfet, & la fyllabe brefue, quand elle eft penultiéme, s'obferuent comme i'ay marqué cy-deffus, aux autres Modes. Exemples.

Inferni inuenerunt me.   votum vouit Deo Iacob.
deglutiffent nos.   lauda Deum tuum Sion.

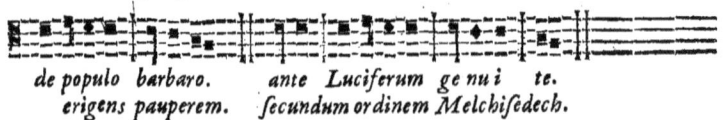

de populo barbaro.   ante Luciferum genui te.
erigens pauperem.   fecundum ordinem Melchifedech.

tabernaculum Deo Iacob.   tabernacula Iacob.

Termi

Terminaiſons du huitiéme Mode, tant aux Pſeaumes,
qu'aux Cantiques.

1.   2.   3.

ſæ culorum   Amen.   *E uo ua e.*   *E uo ua e.*

Ce Mode a trois eſpeces de Terminaiſon. Il n'y a point de differentes obſeruations à faire, aux deux premieres.

Ces Terminaiſons ſont compoſées de quatre ſyllabes, de meſme
que celles du premier Mode : elles commencent par vne inflexion
de voix, dés le *Fa*, au *Mi*.

Cette inflexion ſe fait indifferemment ſur toutes ſortes de ſyllabes, comme brefue, longue, monoſyllabe, & derniere de la diction,
ainſi qu'au premier Mode. Exemples.

brefue.   longue.   monoſyllabe.   derniere de la diction.

ſpiri tu i ſanѐto.   *à dextris meis.*   *mala non timebit.*   *pedum tuo rum.*

Tout s'obſerue de meſme, qu'à la Terminaiſon du premier
Mode, comme par les Exemples ſuiuans.

Du dactyle à la fin.   du monoſyllabe.

& in ſæculum ſæculi.   *Dominus ſuſcepit me.*   *Luciferum ge nu i te.*
de la diction Hebraïque.

Deum tuum Sion.   *tabernacula Iacob.*   *& ti mui.*

Domini Domino.   *Dominus ſuſcepit me.*   *te Deus Iſra ël.*

ſuſti nu i   te Domine.   *venundatus eſt Ioſeph.*

Terminaiſon du neufiéme Mode de Pſalmodie.

ſæculorum   Amen.

Cette Terminaiſon eſt vnique ; elle ſe fait par vne inflexion de
voix, depuis le *ſol* de d. *la, re, ſol,* iuſqu'en a. *mi, la, re,* ſur l'antepenultiéme ſyllabe de la fin du verſet.

Donnant les Exemples de cette Terminaiſon, il eſt important
que

que i'explique la maniere qu'il faut tenir pour obferuer la feconde
Teneur de ce Mode, de laquelle i'ay parlé au Chap. 28. dans la
feconde Partie.

Cette **Teneur** fe fait fur le degré de d. *la, re, fol,* au milieu de laquelle, l'on fait vne éleuation de voix, en e. *mi, la,* qui eft comme
vne feconde Mediation. Exemple.

& in fæ cu la fæ cu lorum, Amen.

A cette éleuation de voix, l'on ne fait pas les mefmes obferua-
tions, qu'aux autres Mediations, au regard de la diction Hebraïque,
comme il fe peut remarquer cy-apres.

Quant à la Terminaifon, l'on peut faire l'inflexion de voix,
indifferemment fur toutes fortes de fyllabes ; & à la derniere &
penultiéme fyllabe, il s'obferue tout de mefme qu'à la Terminaifon du feptiéme Mode.

Voyez les Exemples de ce que ie viens de dire.

domus Iacob de populo barbaro.　Ifraël po teftas　e iu.

à fa ci e Dei Iacob. fed nomini tuo da glo riam.

v bi eft Deus e o rum.

Quelques-vns font faute à la diction *retrorfum,* faifant brefue la
penultiéme fyllabe, au lieu qu'elle doit eftre longue.

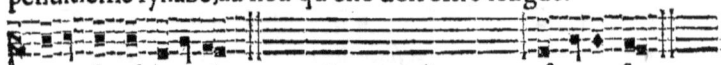

conuerfus eft retrorfum.　　& ne pas dire　　eft retrorfum.

Terminaifons du dixiéme Mode, tant aux Pfeaumes,
qu'aux Cantiques.

1.　　　　2.　　　　3.

fæ cu lorum Amen.　E uo ua e.　　E uo ua e.

Les mefmes regles que i'ay données à la Terminaifon du quatriéme Mode, doiuent eftre obferuées à celles-cy, tant au regard
du monofyllabe, que diction Hebraïque, & fyllabes brefues.
Exemple.

inferni

inferni invenerunt me. *qui oderunt Sion.* *& exaltavit humiles.*

De la petite Pfalmodie.

CHAPITRE X.

IE nomme petite Pfalmodie, le Chant que l'on obferue aux Pfeaumes, qui n'ont point d'Antiennes deuant eux.

Ie trouue de trois fortes de petite Pfalmodie.

La premiere eft celle qui s'obferue en ce Diocefe, aux douze Pfeaumes du 1. Nocturne, quand on fait l'Office du Dimanche, & aux petites Heures, fçauoir à Prime, Tierce, Sexte, None, & à Complie.

La feconde, fe fait fur les Pfeaumes *De profundis*, & *Miferere*, que l'on dit aux Matines, & aux Vefpres deuant l'Oraifon princi-pale, aux iours de feries, comme auffi aux Pfeaumes, *Lauda anima*, que l'on dit aux Vefpres des Morts, & *De profundis*, aux Laudes.

La troifiéme, s'obferue quand on dit les Heures de noftre Dame, dans le Chœur, aux Pfeaumes *Ad te leuaui*, & *De profundis*, à la fin des Primes, aux prieres que l'on fait pour les Trefpaffez, fpeciale-ment à l'Office qu'on nomme *Aperite*, & a fa Terminaifon des Heures, qui fe fait par *Fidelium*, & par les Antiennes de N. Dame.

La premiere efpece de petite Pfalmodie, a fa Teneur en a. *mi*, *la*, *re*, fon Intonation eft ferielle, fur ce mefme degré ; fa Media-tion s'efleue fur le *mi*, de b. *fa ♮ mi*; a la penultiéme fyllabe, & fa Terminaifon n'eftant pas compofée, n'a point de difference de la Teneur. Exemple.

Be a ti immacu la ti in vi à. *qui ambulant in lege Domini.*

OBSERVATION I.

Quand fur le poinct de la Mediation, il arriue vn monofyllabe, ou vne diction Hebraïque, l'éleuation fe fait fur ce monofyllabe, ou fur la derniere fyllabe de la diction. Exemple.

Deus in nomine tu o faluum me fac.
Pfalli te Domino, qui habitat in Sion.

OBSERVATION II.

Si la penultiéme syllabe de la Mediation, est brefue, l'on fait l'éleuation sur l'antepenultiéme. Exemple.

Iustificatio nes tu as custodiam.
Benedictus es　　　　　　Domine.

Cette premiere espece de Psalmodie, est terminée par vn *Alleluia,* ou *Laus tibi Domine,* composé du quatriéme Mode, comme icy.

Alle-lu i a.　　Laus ti bi Domine Rex æterna glo ri æ.

Le iour de la Commemoraison des Trespassez, & les trois derniers iours de la Semaine sainte, l'on ne fait pas cette Terminaison; & cette Psalmodie se doit prendre en F. *vt, fa*, de deux Tons plus bas, que le Ton ordinaire du Chœur, comme en cét Exemple.

Deus in nomine tuo saluum me fac : & in virtute, &c.

La seconde espece de petite Psalmodie, a sa Teneur en *Fa* ; son Intonation, & sa Mediation, n'ont point de difference de la Teneur. Il n'y a que la Terminaison qui fait vne inflexion de voix, sur la derniere syllabe du verset, à sçauoir depuis le *fa,* au *re*. Exemple.

Miserere mei Deus : secundum magnam mise ricordiam tuam.

OBSERVATION.

Si la derniere syllabe du verset, est vn monosyllabe, ou si c'est vne diction Hebraïque, l'inflexion se fait sur les deux penultiémes syllabes, l'antepenultiéme en *mi,* & la penultiéme en *re*, & la derniere remonte sur sa Teneur. Exemple.

& à peccato me o munda me.　　muri Ierusalem.
*　　　　　　　　　　　　　sæculorum Amen.*

La derniere espece de cette Psalmodie, peut estre nommée basse Psalmodie : elle a esté choisie par les Moines reformés, qui n'ont pas embrassé le Chant Gregorien, parce qu'elle est toute simple, & sans aucune composition d'Interualles.

Son Intonation, sa Mediation, & sa Terminaison, n'ont point de
diffe

difference de sa Teneur qui est d'vne Quinte plus bas, que le Ton
du Chœur, comme en cét Exemple.

Ton du Chœur.   Basse Psalmodie.

De o grati as. Ad te le ua ui o cu los meos : qui habitas in cœlis.

Le *Confiteor* que l'on dit à Prime, & à Complie, se chante dans
cette Psalmodie, iusqu'au verset *Dignare me.* Exemple.

Pone Domine, &c. Confiteor De o, &c. Indulgentiam, &c. ℣. Dignare.

Pareillement la Terminaison de chaque Heure, *Fidelium animæ,*
comme aussi les Antiennes de nostre Dame, apres l'Office, quand
on ne les chante pas dans leur chant ordinaire. Exemple.

Deo gratias. Fide li um animæ, &c. Amen. Salue Regina, &c.

Du Chois des diuerses Terminaisons des Pseaumes, & des Cantiques.

CHAPITRE XI.

ENtre les dix Modes de Psalmodie, il y en a sept, qui ont des
Terminaisons differentes, ainsi que ie l'ay fait voir au Chap. 28.
de la seconde Partie.

Le chois que l'on doit faire de ces Terminaisons differentes,
ne despend, ny de la volonté de celuy qui entonne le Pseaume, ny
du Copiste qui n'a pas marqué par l'*Euouae*, la Terminaison qu'il
faut apres l'Antienne, selon son ordre, mais il despend des diuerses
Intonations des Antiennes; en sorte que ceux, qui par fantaisie, ou
autrement, changent l'ordre des Terminaisons des Pseaumes, ne
pechent pas seulement contre les Regles du Chant, mais encor
contre la iuste modulation & l'harmonie de l'Antienne, que l'on
repete apres les Pseaumes.

Comme le 2. le 6. & le 9. n'ont chacun qu'vne Terminaison. Ie ne
parleray point des Antiennes qui gouuernent ces Modes, mais seulement des sept autres Modes.

Exemples des quatre Terminaisons du premier Mode.

1. Espece.

Cette premiere espece de Terminaison,
s'obserue apres les Antiennes, qui commen-

sæculorum Amen.

T 2

cent fur le *La*, d'a. *mi, la, re*; ou quand apres la premiere Note, le chant monte fur ce mefme degré mediatement, ou immediatement, c'eft à dire, apres trois ou quatre Notes, comme les Antiennes fuiuantes.

Vidi Dominum fe den tem.　　*Be a ti mundo cor de.*
I te di ci te Io an ni.　　*fcio*　　*cui.*

fa- pi en- ti a　a- di fi ca uit.　vos amici me i　eftis.

Tecum prin ci pi um.　　*Conce pti o tu a.*
Canite　tu ba.　　*Dabit ei Dominus.*
Aue　Ma- ri- a.　　*Ecce nomen Domini.*
Tradi tor autem.　　*Corpora fanctorum.*

Les Antiennes, qui commencent en F. *vt*, *fa*, qui montent en a. *mi*, *la*, *re*, comme *Pulchra es*, & *decora. Eftote fortes in bello. Dominus defenfor*, &c. Celles qui commencent en F. *vt*, *fa*, & qui ne defcendent pas plus bas, que D. *re*, *fol*, comme *Reges Tharfis. Circumdantes. Volo Pater.* & toutes les autres de cette nature, fuiuent la premiere efpece.

Cette feconde efpece de Terminaifon, conuient aux Antiennes, qui commencent en F. *vt*, *fa*, & defcendent en C. *vt*, *fa*, comme les fuiuantes.

2. Efpece.

faculorum A men.

Chrifti vir go.　　*fpe ci o- fus.*　　*Bi du o viuens.*
Ipfi fo li.　　*Vnus eft.*

Cette troifiéme efpece conuient aux Antiennes, qui ne montent pas en a. *mi*, *la*, *re*, dans les deux ou trois premieres dictions de l'Antienne, comme font les Antiennes *Euge ferue bone. O beatum Pontificem. Sint lumbi veftri. In regeneratione. Principes facerdotum. Filiæ Jerufalem. Amauit eum Dominus. Ductus eft.* &c. Exemples.

3. Efpece.

fa culorum A men.

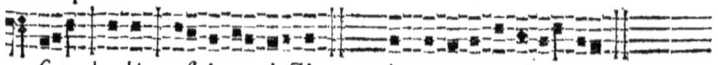

fint lumbi veftri pracincti.　　*in re ge ne ra ti o ne.*
O beatum Pontificem.　　*Principes facerdotum.*

Cette quatriéme efpece fe fait fort rarement ; on l'obferue à la derniere Antienne
des Vefpres de la Dedicace. *Lauda Ierufalem.*

4. Efpece.

fæculorum Amen.

On deuroit fe feruir de cette Terminaifon à toutes les Antiennes, qui commencent en a. *mi, la, re* ; cependant il s'obferue autrement, comme i'ay fait voir à la premiere efpece.

Autrefois l'on fe feruoit aux iours feriels, en quelques Eglifes
de ce Diocefe, de cette derniere efpece, indifferemment à toutes
les Antiennes du premier ; mais comme cela ne pouuoit eftre fait,
pour autre raifon que pour abreuier, l'on s'eft corrigé de cét abus.

Exemples des trois Terminaifons, du troifiéme Mode.

Cette premiere efpece, conuient à toutes
les Antiennes, qui commencent par le *Mi,*
d'E. *mi, la,* remontant en c. *fol, vt, fa,* & ne defcendant pas plus bas que D. *re, fol,* comme les Antiennes fuiuantes.

1. Efpece.

fæculorum Amen.

Cum complerentur.   *Hæc eft genera- ti o.*
Be a tus vir.   *Hæc eft quæ nefci- uit.*

La feconde efpece de Terminaifon, du troifiéme Mode, appartient à toutes les Antiennes, qui commencent en G. *re, fol, vt,* & en
c. *fol, vt, fa,* comme font les Antiennes *Tu Bethleem. Orietur. Hic eft
difcipulus ille. Quærentes eum. Malos malè. Fidelis feruus. Qui odit.
Qui fequitur me. Et refpicientes. Salua nos. Regnauit Dominus. Viuo
ego. Inter natos.* &c. Exemples.

2. Efpece.

fæculorum Amen.

Hic eft difci pulus.   *Serue bo ne.*
Fidelis feruus, &.   *Salua nos.*
Quæ rentes eum.   *Qui odit.*

Cette derniere efpece de Terminaifon,
doit eftre obferuée aux Antiennes qui
commencent en E. *mi, la,* & qui defcen-
dent en c. *vt, fa,* comme les Antiennes, *Qui de terra eft. Cum inducerent.* &c. Exemples.

3. Efpece.

fæculo rum A men.

Qui de terra eft, &c.   *tefti mo nium eius ne mo ac ci pit, &c.*

T 3

Cum in du- cerent,&c.   *& bene dixit De um di- cens,&c.*

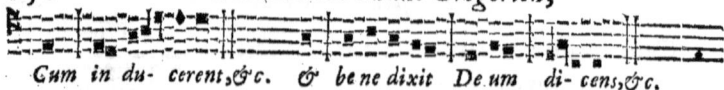

Exemples des Terminaisons du quatriéme Mode.

1. Espece.

Cette premiere espece de Terminaison, comprend toutes les Antiennes, à la
reserue de celles qui vont sur le *la* d'*a. mi,*
    sæ cu lo rum Amen.
la ,re, apres la seconde ou troisiéme Note, qui gouuerne l'autre
Terminaison, comme sont les Antiennes *Fidelia. In mandatis. In
domum Domini. Ante me,*&c.

Fi de li a.   *In mandatis.*   *Ante me.*   *sæculorum Amen.*

Exemples des Terminaisons du cinquiéme Mode.

Il y a de trois sortes d'Intonation d'Antiennes, dans le cinquiéme Mode; les vnes commencent en *a. mi, la , re;* d'autres en *c. sol,
vt,fa;* & les autres en *F.vt,fa.*

Celles qui commencent en *a. mi,la,re*, gouuernent la premiere
Terminaison. Exemple.

In conspectu. Montes , & omnes. O sa crum.   *E u o u a e.*

Celles qui commencent en *c. sol, vt ,fa*, conduisent la seconde
Terminaison. Exemple.

E le ua- mini.   *In so le po- su it.*   *E u o u a e.*

Les Antiennes, qui commencent en *F.vt,fa*, appartiennent à la
derniere Terminaison. Exemples.

In no cen- ter.   *Confi tebor Domino.*   *E u o u a e.*

Exemples des 4.Terminaisons du septiéme Mode.

Les Antiennes qui commencent par l'*vt* de *G. re,sol,vt*, & ne
montent pas immediatement au *sol,* de *d. la,re,sol*,regissent la premiere espece. Exemple.

Viri Gali læ- i.   *Consi derabam.*   *E u o u a e.*
Dum præ lia re- tur.   *Custodi me.*
In diebus il- lis.   *Redemptionem.*

Il y a vne grande quantité d'Antiennes qui commencent en *vt*, qui toutes regiſſent cette Terminaiſon , comme *Iurauit Dominus. Concedè nobis. Cum ieiunatis. Maria Magdalene. Domum tuam Domine. Dirupiſti Domine. In pace factus eſt. In Galilæam. Aſſumpta eſt*, &c.

La ſeconde eſpece de Terminaiſon eſt gouuernée par les Antié-nes, qui commencent par le *ſol*, de d. *la,re,ſol*, ou par le *mi*, de b.*fa*, ♮ *mi*,quand apres ce *mi*,l'on monte immediatemét au *ſol*.Exemples.

Ecce ſacerdos magnus.	*Agatha la tiſ ſime.*
Iuſtum deduxit Dominus.	*Sit nomen Domini.*

Voce me- a.	*Exor- tum eſt.*	*E u o u a e.*
Me ſuſce- pit.	*Tule- runt.*	

Les autres Antiennes de cette nature , ſuiuent cette regle, comme *Inclina Domine. Adiuuabit eum. Iuſtorum autem animæ. Iuſtus Dominus. Caro mea. Tu es Petrus. Natiuitas eſt hodie. Angelus Archangelus. Dirige ,* &c.

La troiſiéme eſpece ſuit les Antiennes, qui montent immedia-tement depuis l'*vt*,de G.*re,ſol,vt*, au *ſol*,de d.*la,re,ſol*, comme

Facta eſt.	*Angelus.*	*Præcurſor.*	*E u o u a e.*

La quatriéme eſpece eſt gouuernée par les Antiennes,qui com-mencent *Fa,mi,fa,ſol*,ou *Mi,fa,ſol*,comme il ſe remarque par les Exemples ſuiuans.

Confortatus eſt.	*Vide Domine.*	*E u o u a e.*
Al le lu i a.	*Miſit Dominus.*	
Clamauerunt.	*Stella iſta.*	

Exemples des 3. *Terminaiſons du huitiéme Mode.*

Toutes les Antiennes du huitiéme Mode , qui commencent en a.*mi,la,re*, en G.*re,ſol,vt*, & plus bas,regiſſent la premiere eſpece de Terminaiſon. Exemple.

Cum palma.	*De fructu.*	*Super ſo- lium.*
Sci to te.	*In pace.*	*Spi — ritus.*

In loco paſcuæ.	*Tu es gloria.*	*E u o u a e.*
Quia vidiſti me.	*E-go ſum.*	

Ii

Il y a beaucoup d'Antiennes de cette nature, comme *Iste sanctus.*
Istorum est regnum cœlorum. Principes populorum. Annuntiauerunt.
Missus est Gabriel. Qui habitas. Iste est. &c.

La seconde espece de Terminaison, est regie par les Antiennes,
qui commencent en c. *sol, vt, fa.* Exemple.

Hoc est præceptum. Zelus domus tu- a. E u o u a e.
Ec ce an cil la. E un tes i bant.

Et beaucoup d'autres, comme *Veritas de terra orta est. Confirma*
hoc Deus. Emitte Spiritum tuum. O ineffabile virum. O vos omnes.
Intellige. Credidi. Auxilium. Auribus percipite. Bene fac. Iustè iudicate.
Te decet. Benediximus vobis. Domine clamaui, &c.

De cette regle cy-dessus, des Antiennes qui commencent en
c. *sol, vt, fa,* il faut excepter celles qui descendent apres 3. ou 4. Notes, en F. *vt, fa,* qui regissent la troisiéme espece de Terminaison,
telles sont les Antiennes *Deo nostro. De profundis. In æternum. Propi-*
tius esto. Deus Deorum. Et inuocabimus. Exemples.

Et in uo ca bi mus. De profundis cla- E u o u a e.
Deus De o rum. De o nostro iu-

Exemples de 3. Terminaisons, du dixiéme Mode.

Toutes les Antiennes qui commencent en *vt*, sur G. *re, sol, vt,*
ou en *re*, en a. *mi, la, re,* regissent la premiere espece de Terminaison.
Exemples.

Expectabo Do minum. Dignare me. E u o u a e.
Super te Ie ru sa lem. Thesaurizate.

Toutes les autres de cette nature, suiuent cette Terminaison,
comme *Benedicta tu. Commendemus nosmetipsos. Ecce iam venit. Ex*
Ægypto. Qui post me venit. Quærite Dominum. Rorate cœli de super.
Popule meus, &c.

La seconde espece de Terminaison, est gouuernée par les Antiennes, qui commencent en c. *sol, vt, fa,* montant immediatement
en d. *la, re, sol.* Exemple.

Si en re no ua be ris. E u o u a e.
O mors ero mors tua.

Les

Les Antiennes qui commencent par le *mi*, de b. *fa*, ♯ *mi*, en montant immediatement au *Fa*, regiſſent la troiſiéme eſpece de Terminaiſon. Exemple.

Quid me quari tis.   *E u o u a e.*

Du Neume, ou Pneume.

CHAPITRE XII.

CE mot Grec *Neuma*, ſignifie en noſtre langue *Cris de joye*,
C'eſt vn aſſemblage de pluſieurs Notes, rangées ſelon chaque Mode.

Il y a de pluſieurs ſortes de Neumes, mais comme ils ſe rencontrent dans la ſuitte du Chant, & qu'il eſt peu important d'auoir la
connoiſſance de tous; le me contenteray de vous parler des deux
principaux, qui ſont le Neume des Antiennes, & celuy des *Alleluia*.

Le Neume des Antiennes, paſſe au nombre des Chants ſtables,
pour n'y en auoir que d'vne ſorte de chaque Mode. L'on le chante
en l'Egliſe Metropolitaine aux Feſtes doubles, apres l'Antienne
que l'on repete apres les cinq Pſeaumes des Veſpres, & des Laudes,
de plus apres les Antiennes du *Magnificat*, du *Benedictus*, & du
Nunc dimittis, & pareillement apres la troiſiéme Antienne de chaque Nocturne; l'on dit toûjours le Neume apres le *Te Deum*, quoy
que la Feſte ne ſoit pas double, à cauſe que c'eſt le Cantique
de joye.

De cette Regle, i'excepte le iour de la Commemoraiſon des
Treſpaſſez, auquel l'on ne dit point le Neume, encor bien que
l'Office de ce iour ſoit double, ſelon le rite de ce Diocese, à cauſe
que l'on ne donne pas des cris de joye, aux prieres que l'on fait
à Dieu, pour les Ames qui ſont dans les tourmens du Purgatoire.

Neume du
1. Mode,
& du 9.   Note finale.   A

Neume du
2. Mode,
& du 10.   Finale.   A

Neume du
3. Mode.   Finale.   A

V.

Neume du 4. Mode.

Finale.   A

Neume du 5. Mode, & de l'11.

Neume du 6. Mode, & du 12.

A

Neume du 7. Mode.

A

Neume du 8. Mode.

A

Le Neume des *Alleluia*, eſt au rang des Chants variés, y en ayant d'autant de ſortes, qu'il y a d'*Alleluia* ; il eſt toûjours noté apres les *Alleluia*, & partant ie n'en produiray qu'vn ſeul Exemple.

Al le- lu i a.   a. a. Neume.

Ce Neume ſe dit au premier *Alleluia*, deuant le Verſet, autant de fois que l'on dit *Alleluia* à la Meſſe, & aux ſecondes Veſpres d'vne Feſte double, ſelon le rite du Dioceſe de Beſançon ; mais à la repetition de l'*Alleluia*, l'on ne le dit pas quand il y a vne Proſe, ou Sequence, à la place duquel l'on chante la Proſe ; lors qu'il n'y a point de Proſe, & que l'on dit le Neume, l'*Alleluia* qu'on repete apres le Verſet, pour lors l'on ne le dit pas au premier *Alleluia*.

Des Accents Eccleſiaſtiques.

CHAPITRE XIII.

C'Eſt vne choſe aſſez difficile, de bien obſeruer tous les Accents Eccleſiaſtiques, tant à cauſe qu'il faut accorder le Chant, auec la Grammaire, que parce qu'ils s'apprennent plûtoſt par l'vſage, & par la pratique, que par demonſtration ; outre que chaque Dioceſe en a de differens; & meſme il ſe trouue des Egliſes dans celuy-cy, qui par de vieux abus, obſeruent d'autres accents, que ceux de la Metropolitaine : cependant comme toutes les Egliſes d'vn Dioceſe, doiuent ſuiure leur Mere, qui eſt la Metropolitaine,

politaine. Ie parleray des accents qui s'y obferuent, afin qu'vn chacun de ce Diocefe s'y regle, & les fuiue.

L'Accent Ecclefiaftique, eft vne certaine Regle de locution,
pour abbaiffer, ou pour efleuer la fyllabe de la diction dans le
Chant, pour terminer cette fyllabe auec melodie.

Ie trouue de dix fortes d'Accents Ecclefiaftiques.

1. L'Accent graue. 2. L'Accent moyen. 3. L'accent aigu.
4. L'Accent moderé. 5. L'Accent interrogatif. 6. L'Accent égal.
7. L'Accent d'inflexion. 8. L'Accent circonflexe. 9. L'Accent
d'éleuation. 10. L'Accent de la Terminaifon des Epiftres, & des
Euangiles.

L'Accent graue abbaiffe d'vne Quinte; le moyen d'vne Tierce
mineure; l'aigu, remonte à l'Vniffon; le moderé, defcend comme
le moyen, & remonte d'vn Ton; l'interrogatif, abbaiffe fa diction
d'vn Semi-ton, defcend d'vn Ton à fon antepenultiéme fyllabe,
& remonte à l'Vniffon. L'égal demeure dans vn mefme Son;
l'Accent d'inflexion abbaiffe d'vn Semi-ton, fur la derniere fyllabe,
& remonte à l'Vniffon. Le circonflexe hauffe d'vn Ton, & rabaiffe
d'vn Semi-ton, fur les deux dernieres fyllabes. L'Accent d'éleuation hauffe d'vn Ton, rabaiffe d'vne Tierce mineure, & remonte
à l'Vniffon. Quant à l'Accent de la Terminaifon des Epiftres, &
des Euangiles. I'en parleray au 23. Chap. Exemples des Accents.

Accent graue.	Accent moyen.	Accent aigu.	Accent moderé.

Accent interrogatif.	Accent égal.	Accent d'inflexion.

Accent circonflexe.	Accent d'éleuation.

Venons maintenant à declarer comme il faut fe feruir des Accents, & en quel lieu de l'Office, & les examinons tous en particulier.

De l'Accent graue.

CHAPITRE XIV.

L'Accent graue se fait regulierement dans les Leçons, à la fin de chaque periode, deuant le poinct. Il est pris sur la penultiéme syllabe, si elle est longue ; & si elle est bresue, sur l'antepenultiéme. Exemple.

De libro primo Regum. Iube Domine be ne di ce re.

Les Benedictions des Leçons, se chantent auec le mesme accent, mais l'on respond *Amen,* & *Deo gratias,* par l'accent égal. Exemple.

Euangeli ca lecti o, &c. *protecti o. Amen. Deo gratias.*

Les Leçons dont on ne prend point de benediction, comme celles de la Semaine sainte, & celles de l'Office des Morts, se chantent auec le mesme accent que les autres Leçons, excepté que l'on les finit par l'accent circonflexe. Exemple.

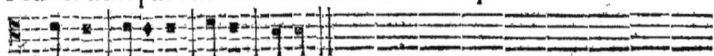

Tu es Domine Deus meus.

L'on se sert aussi de l'accent graue à la fin des Oraisons, auant la Terminaison, *Per Dominum,* excepté aux Oraisons que l'on chante à la Messe, aux Matines, & aux Vespres, ausquelles est obserué l'accent égal, comme ie fais voir au Chapitre 18.

Quand on donne l'accent graue aux Oraisons, l'on se sert de l'accent moyen, dans l'énonciation de l'Oraison, & dans sa Terminaison. Exemple.

Dominus vobis cum. O re mus. In hac hora &c. *delectemur. Per*

Dominum, &c. *saculorum. Amen.*

L'on obserue cette methode de chanter les Oraisons, aux Primes, Tierces, Sextes, Nones, & aux Complies ; Quand on fait l'eau beniste ; aux benedictions ; aux processions, & generalement en tous Offices, excepté ceux dont ie viens de parler cy-dessus, &

à la

à la benediction où le S. Sacrement eft expofé, à laquelle on ne doit point fe feruir de l'accent graue deuant la Terminaifon, *Per Dominum.*

De l'Accent moyen.

CHAPITRE XV.

L'Accent moyen fe prend fur la penultiéme fyllabe, ainfi que l'accent graue; & fi la penultiéme eft brefue, l'on le prend fur l'antepenultiéme. Exemple.

Sed li be ra nos à malo. Adiu to rium noftrum, &c. Domino.

Cet accent eft le plus frequent de tous; Premierement on l'obferue aux Verfets facerdotaux, qui feparent les Matines des Laudes: aux verfets qui terminent les petits Refpons des Heures, & generalement à tous les autres verfets, horfmis à ceux des Nocturnes, des Laudes, & des Vefpres que l'on dit apres l'Hymne. Exemple.

Annunti a uerunt o pe ra De i. Os iufti, &c. fa pien ti am.

En fecond lieu, il s'obferue au refidu du *Pater nofter. Et ne nos.* aux verfets que l'Officiant dit deuant les Leçons de chaque Nocturne, & à la Terminaifon de l'Oraifon, *Exaudi Domine*, que l'on dit deuant l'Euangile des Matines. Exemple.

Et ne nos inducas in tenta ti o nem. ℣. Oftende nobis, &c. tuam.

Oremus. Exaudi Domine, &c. fà cu lorum.

En troifiéme lieu, aux *Preces* tant des Primes, que des Complies, à celles des Laudes, & des Vefpres, aux Feries majeures l'on obferue cet accent. Exemples.

In pace in idipfum. Replea tur os meum laude.

De cette Regle l'on excepte les *Kyrie eleifon*, par lefquels l'on commence toutes les *Preces*, qui fe terminent par l'accent égal, horfmis le dernier *Kyrie*, qui eft terminé par vn accent compofé

de l'aigu, & du moderé, qui n'eſt mis en vſage, qu'en cette rencontre. Exemples.

Kyri e E le i ſon. Chriſte E le i ſon. Kyri e E le i ſon.

4. Toutes les Oraiſons ſe terminent par cet accent, horſmis
celles que l'on chante aux Matines, aux Meſſes, & aux Veſpres,
comme i'ay dit au Chapitre precedent de l'accent graue.

En cinquiéme lieu, l'on met cet accent en vſage, dans l'Office
des Morts, aux verſets qui ſe diſent deuant les Oraiſons; aux meſmes Oraiſons, deuant & apres la Terminaiſon, auſquelles l'on ne ſe
ſert pas de l'accent graue, deuant la Terminaiſon *Per Dominum,*
comme aux autres Oraiſons, ainſi que i'ay dit au Chapitre precedent; & à la Terminaiſon de chaque verſet des Pſeaumes, *Lauda*
anima, & *De profundis,* qui ſe chantent le premier apres les Veſpres
des Morts, & l'autre apres les Laudes. Exemple.

A porta inferi. Requieſcant in pace. Dominus vobiſ-cum.

Oremus. Deus qui inter Apoſtolicos, &c. conſorti o. Deus

ve ni a largitor, &c. concedas. Fide li um, &c. conſequantur.

Qui viuis, &c. ſæculorum. Amen. Requieſcant in pa ce.

L'on donne cet accent, qui tient de l'aigu, à ce dernier *Requieſ-*
cant in pace à la fin de chaque Office pour les Morts, & meſme le
iour de la Commemoraiſon, ſingulierement apres toutes les Heures, tenant lieu du *Benedicamus Domino*; mais lors que l'on dit
Requieſcant in pace, deuant les Oraiſons, on le termine par l'accent
moderé, comme ie viens de dire.

Finalement, l'on ſe ſert de cet accent à chaque verſet des Pſeaumes *De profundis,* & *Miſerere,* que l'on dit apres les *Preces,* les iours
des Feries majeures. Exemple.

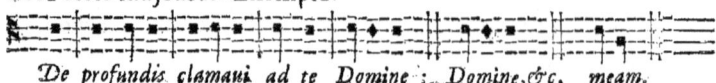

De profundis clamaui ad te Domine : Domine, &c. meam.

Il y a des Eglises, où l'on se sert de cet accent, à la Mediante de chaque verset, comme en cet Exemple, mais c'est contre le rite de l'Eglise Metropolitaine.

Miserere mei Deus : secundùm,&c. tuam.

De l'Accent aigu.

CHAPITRE XVI.

L'On se sert de l'accent aigu aux versets, par tous les lieux où l'on employe l'accent moyen, dont ie viens de parler, lors que le verset finit par vn monosyllabe, ou par vne diction Hebraïque, comme par les Exemples suiuans.

Exemple du Monosyllabe.

Et de viris sanguinum salua me.
Et dederunt in escam meam fel.

Exemple de la diction Hebraïque, &c.

Egredietur virga de radi- ce Iesse.
Exulta fili——— a Sion.
Iubila filia Ie——— rusalem.

Cette regle s'obserue pareillement à la diction Hebraïque, *Amen*, quoy qu'elle soit exceptée dans la Terminaison des Pseaumes. Exemple.

Et custodiat nos semper, Amen.
Vitam æter——— nam, Amen.

L'on obserue aussi cette regle, au poinct d'interrogation. Exemple.

Conuertere Domine vsquequo?

De l'Accent moderé.

CHAPITRE XVII.

TOut de mesme que l'accent aigu, est mis à la place de l'accent moyen; l'accent moderé est de mesme au regard de l'accent graue, à la place duquel il est mis au monosyllabe, & à la diction Hebraïque, comme par les Exemples suiuans.

Exemple du Monosyllabe.

Nomenque. Trinitatis vnus De— us est.
Et in puluerem redu—— ces me.
Manifestauit au—— tem sic.

Exemples des dictions Hebraïques, Grecques, &c.

Nigra sum sed formosa fi li æ Ieru- salem.
Induere fortitudine tua Sion.
De radice Iesse ortus est Rex Dauid.
Sicut in die Ma- dian.
De li- bro Iob.
Sicut montes Bethel.

OBSERVATION.

Si ces dictions Hebraïques, Grecques, &c. se declinent, elles auront la mesme force, que les dictions Latines, & pour lors l'on se seruira de l'accent graue. Exemple.

Fecit Dominus salutem magnam Isra- e li.
Et aiebat Philis—— taus.
Et iurauit rursum Da— uidi.
Dilectus meus mihi in vineis En—— gaddi.
Lectio libri Exodi.

L'on obserue pareillement cet accent, lors que le tres-saint Nom de IESVS, se retroue à la fin de la periode, en tous les cas. Exemple

Vocatum est nomen eius Iesus.
Et secuti sunt Iesum.
Propter verbum Dei & testimonium. Iesu.

De

De l'Accent interrogatif.

CHAPITRE XVIII.

CEt accent s'obſerue à tous les poincts d'interrogation, qui ſe retrouuent dans les Leçons, dans les Propheties, dans les Epiſtres, & dans les Euangiles.

C'eſt icy l'accent le plus difficile à obſeruer reglément ; parce que l'on ne peut luy donner vne regle d'vne iuſte meſure, à cauſe de la longueur, ou briefueté des periodes.

Il eſt compoſé de deux abbaiſſemens, & d'vne éleuation : ſon premier abbaiſſement tombe ſur le *Mi*, ſur lequel on y doit dire cinq ou ſix ſyllabes, ou dauantage, ſelon le ſens qui ſe rencontre dans toute la periode. Le ſecond tombe ſur le *Re*, qui ſe prend toûjours ſur l'antepenultiéme ſyllabe, ſoit qu'elle ſoit longue, ou brefue : l'éleuation ſe prend ſur la derniere ſyllabe compoſée de deux Notes, à ſçauoir *mi, fa*. Exemple.

Cur faciem tuam abſcondis ; & arbitraris me inimicum tuum ?

Quelques-vns veulent que l'on chante toute la periode en *mi* : Pour moy ie ne puis approuuer cette methode, & me perſuade que ceux qui l'obſeruent, le font par abus : Premierement parce qu'il ne ſe fait de cette ſorte en aucun lieu, qu'en quelques endroits de ce Dioceſe ; En ſecond lieu, c'eſt contre la nature des accents Eccleſiaſtiques, qui ne ſe font que ſur quelques ſyllabes, auant le poinct. Et la troiſiéme raiſon eſt, qu'il y a des Leçons dans noſtre Breuiaire qui ſont preſque toutes d'interrogations, qu'il faudroit chanter en *mi*, contre la nature du Chant ordinaire des Leçons, qui doiuent eſtre chantées en *fa* : telle eſt la cinquiéme Leçon du Commun d'vn Confeſſeur Pontife ; Partant il me ſemble, qu'il eſt beaucoup mieux, d'entonner les grandes periodes en *Fa*, iuſques à la troiſiéme ou quatriéme diction deuant le poinct, où il y ait vn ſens, que l'on reprendra ſur le *mi*, comme en l'Exemple ſuiuant, de la Leçon dont ie viens de parler.

Quantas hic caſis, &c. & illum quo Chriſtus videretur reparauit.

X

in tu i tum ? Quantorum auribus surdis, &c.   responderet   per

o be di en ti am ? Quantos, &c.   ab infirmitate   cu ra uit ?

Quant aux Interrogations, dont les periodes ne contiennent que trois ou quatre dictions, il faut les entonner fur le *mi*, dés le commencement. Exemple.

Saule, Saule, quid me perfequeris ? Quis es Domine ?

De l'Accent égal.

CHAPITRE XIX.

L'Accent égal fe fait fur les deux dernieres fyllabes longues, ou reputées telles, à la fin de chaque periode, deuant le poinct, fur lefquelles il faut s'arrefter vn peu plus que fur les autres ; il eſt appellé égal, parce qu'il ne fait aucune mutation de Son, comme en cet Exemple.

Accent.   Accent.   Accent.

Dominus vobif-cum.   Oremus.   Per omni a   fa cu la   faculorum.

Cét accent conuient aux Euangiles, aux Chapitres, & aux Oraifons que l'on dit aux Matines, aux grandes Meſſes, & aux Vefpres, aufquelles l'on ne fait pas l'accent graue, ny le mitoyen.

OBSERVATION.

Si la penultiéme fyllabe eſt brefue, l'accent fe prend fur l'antepenultiéme fyllabe. Exemple.

In il lo   tempore.

De

De l'Accent d'inflexion.

CHAPITRE XX.

L'Accent d'inflexion, eft compofé de deux Notes, *mi, fa*, fur la derniere fyllabe deuant le poinct. Il eft mis à la place de la derniere fyllabe de l'accent égal, lors que cette derniere fyllabe, eft vn monofyllabe, ou vne diction Hebraïque, Grecque, ou autres de cette nature, ou quand le faint Nom de IESVS, fe rencontre à la fin d'vne periode.

La penultiéme fyllabe, qui precede le poinct, doit eftre toûjours prononcée bréfue, a cet accent.

Exemples du Monofyllabe, aux Euangiles.

Pater meus a gri co la eft. Sequatur me.
Para bo lam hanc. Dominus eft.

Exemples du Monofyllabe, aux Chapitres.

Ab omni fpe ci e mala abftinete vos. Diligentibus fe.
Quoniam laus mea tu es. faeculorum Amen.

Quelques-vns fe feruent de l'accent moderé aux Chapitres; i'eftime que c'eft vn erreur, parce que l'accent moderé, ne doit eftre mis en vfage, qu'à la place de l'accent graue, comme i'ay dit cy-deffus.

Exemples du Monofyllabe, aux Oraifons.

Deus qui ho di er na di e, &c. teftatus es. Per Dominum.
Perpetua nos quafumus Domine, &c. dignatus es.

Exemples des dictions Hebraïques, Grecques, &c.

Abraham ge nu it I fa ac. Qua di ci tur Ephrem.

Quand ces dictions Hebraïques ont la force de la Latine, l'on fe fert de l'accent égal. Exemple.

Ipfe manfit in Ga li laâ. In porticu Salomonis.

X 2

Exemple du saint Nom de IESVS, aux Euangiles.

Respondit e is Iesus.   Vt ve nien tes vngerent Iesum.

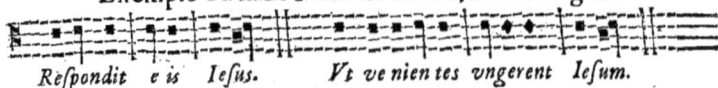

De l'Accent circumflexe.

CHAPITRE XXI.

L'Accent circonflexe est destiné pour la fin des Propheties, pour celle des Leçons, & des versets des trois derniers iours de la Semaine sainte, & de l'Office des Morts. Exemples.

A it Dominus omnipotens. Melius il li erat, si natus non fuisset.

Sed parce peccatis meis.   Zelus domus tu a comedit me.
A quo   sanabantur.   Dirige Domine Deus meus.

Si la syllabe qui eschet sur le *Sol*, est brefue, il faut prendre la precedente. Exemple.

Custodiuit spiritum meum.

De l'Accent d'éleuation.

CHAPITRE XXII.

CEt accent n'est propre qu'aux Epistres ; il se fait à la fin de chaque periode, denotée par le poinct, estant composé de quatre syllabes longues, ou equiualentes, & de cinq, dont les deux premieres seruent pour la quatriéme syllabe. Exemple.

Lectio E pisto læ be a ti Pauli &c. ad Philippenses.
ad Romanos.

OBSERVATION I.

Quand la penultiéme syllabe est brefue, elle n'est pas contée. Exemple.

Lectio

Lectio libri ſa pi en ti a. Libri Geneſis. ad Epheſios.

OBSERVATION II.

L'on ne commence iamais l'accent ſur vne ſyllabe brefue , mais on le prend ſur la precedente. Exemple.

Spiritum ſanctum. quod & tra di di vobis.

OBSERVATION III.

Quand l'accent eſchet ſur la derniere ſyllabe d'vne diction , on le prend ſur la longue qui la precede. Exemple.

Io an nis Apoſto li. Dominus omnipotens.

OBSERVATION IV.

Le Monoſyllabe deuant le poinct, n'eſt pas conté. Exemple.

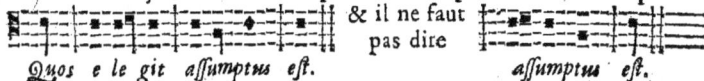

& il ne faut
pas dire

Quos e le git aſſumptus eſt. aſſumptus eſt.

OBSERVATION V.

Quand il y a deux ou trois Monoſyllabes de ſuitte, ils ſont con-tés. Exemple.

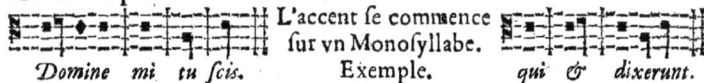

L'accent ſe commence
ſur vn Monoſyllabe.
Exemple.

Domine mi tu ſcis. qui & dixerunt.

OBSERVATION VI.

A vne diction enclitique , l'on fait l'accent ſur la ſyllabe , qui precede le Monoſyllabe. Exemple.

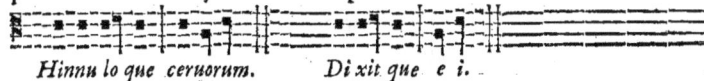

Hinnu lo que ceruorum. Di xit que e i.

OBSERVATION VII.

Quand toute la periode ne contient que trois ſyllabes, ou que de quatre il y en a vne brefue , la premiere ſyllabe porte trois No-tes. Exemple.

X 3

Et dixit. Ad Galatas.

OBSERVATION VIII.

Les dictions Hebraïques, & autres de cette nature, ne changent point d'accent. Exemple.

In Ierusalem. Madian & Epha.

Des Accents de la Terminaison des Epistres,
& des Euangiles.

CHAPITRE XXIII.

DAns la Terminaison des Epistres, & des Euangiles, il se fait deux accents sur la derniere periode, que l'on doit partager en deux, & sur chaque partie, il se fait vn accent different.

Le partage de la periode se fait à la virgule, ou à vn sens où l'on peut respirer ; sur ce partage, se fait le premier accent, qui embrasse les deux dernieres syllabes longues, ou equiualentes ; la premiere syllabe, est composée de trois Notes *re*, *mi*, *fa*, & la derniere syllabe descend sur le *mi*. Exemple.

Ie- su.

Le dernier accent, qui est fait sur le reste de la periode, se prend sur le *mi*, iusqu'à la penultiéme syllabe longue, qui est composée de deux Notes *mi*, *fa*, & la derniere syllabe finit en *fa*. Exemple.

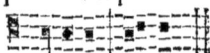

Domino nostro.

OBSERVATION.

Si les penultiémes syllabes sont brefues, l'on fait l'accent sur les antepenultiémes. Exemples.

Ait Do- minus omni potens.

L'on peut voir, & iuger par les Exemples suiuans, la maniere qu'il faut tenir, pour obseruer reglément ces accents de Terminaison, aux periodes longues & courtes.

Exem

Exemples des periodes longues.

1. *Gloriam quaſi vnigeniti à*   *Patre.*
2. *Omnes de Saba venient, aurum, & thus deferentes.*
3. *Hæc in Bethaniâ facta ſunt trans Ior——* *danem.*
4. *Tunc imponebant manus ſuper*   *illos.*
5. *Et in partes Dei mei hæreditas il——* *lius.*
6. *Iudicium ſibi manducat &*   *bi-bit.*

1. *plenum gratiæ, & veri——*   *tatis.*
2. *& laudem Domino annunci——*   *antes.*
3. *vbi erat Ioannes bap——*   *tiʒans.*
4. *& accipiebant Spiritum*   *ſanctum.*
5. *& in plenitudine ſanctorum detentio*   *mea.*
6. *non diiudicans corpus*   *Domini.*

Exemples des periodes courtes.

Conſolamini	*in-*	*uicem*	*in verbis iſtis.*
Ait	*Do-*	*minus*	*om-*	*nipotens.*
Pater	*me-*	*us*	*qui in*	*cœlis eſt.*
In Chriſto	*Ie-*	*ſu*	*Domino*	*noſtro.*
Il——	*lo-*	*rum*	*ſeqnuntur illos.*
	Lugens	*in In-*	*fernum.*

De la façon de chanter aux Offices, ce qui n'eſt pas mis en Notes.

CHAPITRE XXIV.

TOut ce qui n'eſt pas mis en Notes, ſe chante dans la Teneur du *Fa*, qui eſt la Note dominante des Verſets, des Leçons, des Propheties, des Chapitres, des Oraiſons, des Epiſtres, & des Euangiles, dont la difference ne conſiſte que dans les Accents, deſquels ie viens de parler.

Aux accents Eccleſiaſtiques, il eſt important de ioindre les accents de la Grammaire, du moins l'accent long, & l'accent bref: ſur quoy il faut remarquer, qu'il n'y a point de diction, qui ne porte ſon accent long, qui eſt pris ſur la penultiéme ſyllabe, ou ſur l'antepenultiéme.

L'accent long, eſt pris ſur la penultiéme ſyllabe des dictions, qui ne contiennent que deux ſyllabes, comme *Chriſtus*, & meſme quand

quand cette syllabe est brefue de sa nature, l'on ne laisse pas de la prononcer longue, comme à la diction *Deus.*

Aux dictions Polysyllabes, si la penultiéme est brefue, l'on prend cet accent long, sur l'antepenultiéme, soit que la syllabe soit longue ou brefue, comme *saculum, Dóminus.*

Des Versets.

Il faut considerer les Versets en cinq manieres, ausquelles l'on donne à chacune vn chant different.

1. Les Versets initiels des Heures.

2. Les Versets qui se disent apres les Nocturnes, & apres les Hymnes.

3. Les Versets qu'on nomme *Preces,* que l'on dit aux iours feriels, deuant l'Oraison de chaque Heure, & autres dans la suitte des Offices.

4. Les Versets des Commemoraisons, & ceux que l'on dit apres les Respons brefs.

5. Les Versets que l'on dit à l'Office des Trespassez, & aux Tenebres de la Semaine sainte.

Les Versets initiels des Heures, se chantent dans vn Son égal, sans inflexion, ny éleuation de voix, excepté le verset *Deus in adiutorium,* auquel on fait vne éleuation de voix, sur la syllabe *to,* comme par les Exemples suiuans, où ie marqueray les syllabes qui doiuent estre prononcées longues, par des Notes à queuës. Exemple.

℣. Domine la bi a me a a pe ri es. ℞. Et os meum annunciabit

laudem tuam. ℣. Deus in ad in to ri um meum intende. ℞. Domi-

ne ad. adiuuandum me festina. ℣. Gloria Patri, & Fi li o,

& Spiri tu i sancto. Sicut erat in principi o, & nunc, & semper,

& in sæcu la sæcu lorum. Amen. Alle lu i a. ℣. Conuerte nos

Deus sa lu taris noster. ℞. Et auerte iram tuam à nobis.

Les.

Les Verſets qui terminent les Nocturnes, & les Hymnes, ſe chantent dans vn Son égal, ſans éleuation ny abbaiſſement de voix; apres leſquels il ſe fait vne Cadence, ou vne eſpece de Neume, compoſé de ſept ou huit Notes. Exemple.

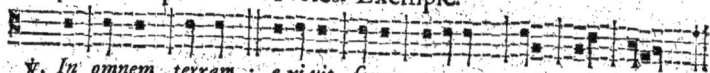

℣. *In omnem terram : e xi uit ſonus e o rum.*

Aux Feſtes ſolemnelles, on adioûte trois Notes, comme en cet Exemple.

e o rum.

Il y a des Egliſes dans ce Dioceſe, où l'on fait la Cadence en cette ſorte.

e xi uit ſonus e o rum.

Les Verſets des Commemoraiſons & Suffrages, & des Reſpons brefs, ſe chantent dans vn Son égal, iuſques à la penultiéme ſyllabe, qui eſt compoſé du *fa*, & du *mi*, & la derniere ſyllabe s'entonne ſur le *re*. Exemple.

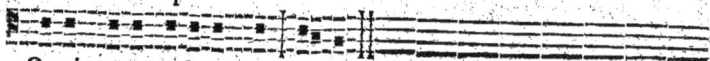

Omnis terra adoret te Deus.
Fiat pax in virtute tu-a.

Quand la ſyllabe eſt breſue à la fin, elle n'eſt pas contée, & au Monoſyllabe on luy donne l'accent aigu, apres lequel on fait vne inflexion de voix ſur le *mi*. Exemple.

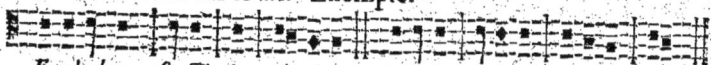

Exultabunt ſancti in glo ri a. Exurge Domine adiuua nos.

Dans l'Egliſe Metropolitaine, l'on chante les Verſets des Commemoraiſons, comme ceux qui terminent les Hymnes, horſmis aux iours feriels.

Les Verſets des *Preces*, & autres dans la ſuitte de l'Office, ſe chantent dans vn Son égal, iuſqu'à la derniere ſyllabe, qui abbaiſſe ſur le *re*, ainſi que ie l'ay expliqué au long, dans le Chapitre de l'accent moyen, où ie renuoye le Lecteur.

Quant aux Verſets de l'Office des Morts, & des Tenebres, i'en ay parlé ſuffiſamment, au Chapitre de l'accent circonflexe.

Des Leçons.

Trois choſes ſont neceſſaires à obſeruer aux Leçons.

1. Vne iuſte prononciation, auec l'obſeruance des accents, c'eſt

Y

à dire, qu'il ne faut chanter ny trop viste, ny trop lentement, mais d'vne iuste mesure, & ne faire qu'vn accent long sur chaque diction, tant longue soit elle.

2. La Teneur continuelle sur le *Fa*, iusques à la Terminaison des poincts, & ne pas reprendre le chant sur le *Re*, comme font quelques-vns, qui disent trois ou quatre syllabes sur cette Note, auparauant que rentrer dans la Teneur du *Fa*.

3. La Terminaison du poinct commun, & de l'interrogatif, & l'obseruance du monosyllabe, & des dictions Hebraïques, Grecques, & autres estrangeres, comme ie l'ay expliqué aux Chapitres des Accens graue, interrogatif, & moderé.

Exemple d'vne Leçon, sur laquelle on pourra se regler pour les autres.

Iube Domine be ne di cere. De Isai a Propheta. Primo tempore alle ui a ta est terra Zabulon, & terra Nephtali: &c. trans Iordanem Galilæ æ Gentium. Populus, qui ambulabat in tenebris vidit lucem magnam. Habitantibus &c. Sicut in die Madian, &c. Conso la mini, con so lamini po pu le me us, dicit Deus vester, &c. Et videbit omnis caro pariter quod os Domini locutum est. Vox dicentis: Clama. Et dixit: Quid clamabo? Omnis caro fœnum, &c.

Les Leçons de l'Office des Morts, & des Tenebres, se chantent de la mesme sorte que les autres, excepté le poinct final, qui s'entonne par l'accent circonflexe, comme i'ay dit au Chapitre 20.

Des Propheties.

Le Chant des Propheties se distingue de deux façons.

Les vnes se chantent comme les Leçons de l'Office des Morts, qui sont les Propheties du Samedy saint, & de la veille de la Pentecoste: les cinq premieres Epistres de Samedys des Quatre-temps:

la

la premiere Epiftre des jours qu'il y en a deux, comme aux Me-
credys des Quatre-temps, la veille de Noël, & le jour ; le Mecredy de la quatriéme Semaine du Carefme : le Dimanche des
Rameaux,à la benediction des Palmes : & finalement les Mecredy
& Vendredy faints.

Les autres Propheties, fe chantent dans l'accent des Epiftres.

Des Chapitres.

Les Chapitres fe chantent dans vn Son égal, fans aucune éleuation, ny inflexion de voix, finon quand ils finiffent fur vn Monofyllabe, ou vne diction Hebraïque, comme ie l'ay expliqué aux
Chapitres de l'accent égal, & de l'accent d'inflexion.

Des Oraifons.

Nous confiderons les Oraifons, de deux façons.

Les vnes fe chantent dans l'accent égal ; les autres dans les accents graue & moyen.

1. Les Oraifons où l'on obferue l'accent égal, font celles qui fe
chantent aux Matines,& aux Vefpres,apres les Cantiques Euangeliques : celles des Commemoraifons, & celles des grandes Meffes.
Si ces Oraifons finiffent par vn monofyllabe, l'on fe fert de l'accent
d'inflexion.

Exemple comme il faut accentuer vne Oraifon.

*Dominus vobif-cum. Et cum fpiri tu tu o. Oremus. Deus qui
nobis fub Sacramento mirabili, paffi o nis tu æ memoriam re liquifti:
tribu e quafumus, i ta nos Corporis & Sanguinis tu i facra myfte ri a
ve nerari, vt redemptionis tu æ fructum in nobis iugiter fenti amus.
Qui viuis & regnas,&c. Per om ni a facula fæ cu lorum. Amen.*

OBSERVATION.

Les premieres Oraifons de la Meffe des Feries du Carefme,
doiuent auoir leur Teneur en *fol*, afin qu'on entonne *Flectamus ge-
nua*, dans vne iufte harmonie, comme en cét Exemple.

Y 2

O remus. Flectamus genu a.   Leua te. ou Leua te.   Præsta, &c.

Deuant la derniere Oraiſon, aux meſmes Feries, l'on chante ce qui ſuit, au meſme Ton de l'Oraiſon.

O remus. Humi li a te capita veſtra De o. Parce Domine, &c.

2. Toutes les autres Oraiſons, tant dans l'Office du Chœur que dehors, ſe finiſſant par l'accent moyen, qui eſt vn abbaiſſement de voix, depuis le *fa*, au *re*. Mais deuant la Terminaiſon de l'Oraiſon, qui ſe fait par *Per Dominum*, ou par *Qui viuis*, l'on fait l'accent graue, ſur le poinct. Exemple.

Dominus vobiſcum. Et cum ſpiri tu tuo.   Oremus. Illumina quæſu-

mus Domine tenebras noſtras, &c. propiti us.   Per Dominum

noſtrum Ieſum, &c. ſæculorum.   Amen.   Bene dicamus Domino.

Aux Benedictions, où le S. Sacrement eſt expoſé, l'on fait l'accent égal, ſur le poinct, auant la Terminaiſon *Per Dominum*, & non l'accent graue : mais l'on obſerue l'accent moyen, à *Dominus vobiſcum*, & à la fin de la Terminaiſon : Et quand l'on dit pluſieurs Oraiſons de ſuitte, on termine ces Oraiſons, par l'accent moyen, pour les diſtinguer l'vne de l'autre, & l'on dit *Per Dominum*, à la derniere ſeulement. Exemple.

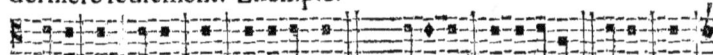

Deus qui nobis ſub Sacramento, &c. iugiter ſen ti a mus. Deus qui

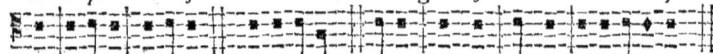

de beat æ Mariæ, &c. adiuuemur.   Deus à quo ſancta deſi de ri a, &c.

tranquilla.   Per Dominum, &c.

Cette regle ſe doit obſeruer toutes les fois que l'on dit pluſieurs Oraiſons de ſuitte, la Terminaiſon ſe faiſant ſeulement à la fin.

Des Epiſtres & des Euangiles.

Ie crois auoir montré ſuffiſamment dans les Chapitres 21. & 22. la maniere de bien chanter les Epiſtres. Quant aux Euangiles, on

les

les chante dans l'accent égal, sans aucun abbaissement, ny éleuation de voix, s'arrestant seulement sur les deux dernieres syllabes longues, qui precedent le poinct commun.

Le Monosyllabe, & la diction Hebraïque, s'obseruent comme aux Chapitres; Pour ce qui est du poinct interrogatif, & du final, voyez les Chapitres de l'accent interrogatif, & de l'accent de la Terminaison des Epistres, & des Euangiles.

Exemple d'vne Euangile, sur laquelle on pourra se regler pour les autres.

Dominus vobiscum. Sequenti a sancti Euange li j secundum Marcum.

In il lo tempore. Mari a Magdalene, & Maria Ia co bi, &c.

vt venientes vngerent Iesum. Et valde mane, &c. adinuicem.

Quis reuoluet nobis lapidem ab osti o monumenti? &c. surrexit:

non est hic. Ecce locus, &c. I bi eum vi de- bitis, sicut

dixit vobis.

OBSERVATION.

L'on n'obserue pas l'accent égal, ny celuy d'inflexion, aux Euangiles pour les Morts, mais l'on se sert d'vn accent tout particulier, qui se fait par vne inflexion de voix, sur les trois dernieres syllabes, qui precedent le poinct, tant au Monosyllabe, qu'à la diction Hebraïque; l'antepenultiéme syllabe s'entonne sur le *mi*, la penultiéme, & la derniere sur le *re*. Le poinct d'interrogation & le final, s'obseruent comme aux autres Euangiles. Exemple.

Dominus vobiscum. Sequentia sancti Euangeli j secundum Ioannem.

Gloria tibi Domine. In illo tempore. Dixit Iesus &c. Iudaorum, &c.

Quomodo poteſt,&c. ad manducandum ? Dixit ergo e is Ieſus,&c.

Et e go reſſuſci ta bo e- um, in nouiſsimo di e.

OBSERVATION.

L'on n'obſerue pas cét accent ſur le poinct commun, le iour de la Commemoraiſon des Treſpaſſez, ny aux Obſeques ſolemnels : mais l'on chante l'Euangile, dans l'accent égal, comme aux autres Euangiles.

Preceptes neceſſaires à ceux qui chantent au Chœur.

CHAPITRE DERNIER.

I'Eſtime que ie ne puis mieux finir mon Liure que par les dix Preceptes d'André Onitoparque Autheur tres-ſçauant dans le Chant Gregorien, leſquels ie trouue grandement neceſſaires à tous ceux qui ſe meſlent de chanter.

I.

Pour bien & iuſtement chanter, il eſt tout à fait neceſſaire de connoiſtre la difference des Tons, aux Semi-tons, & de bien prendre garde à leur repercuſſion : car qui chante vn Chant n'ayant pas la connoiſſance du Ton, il fait la meſme choſe, que celuy qui produit vn ſyllogiſme ſans figure, & ſans forme.

II.

Le Chantre auparauant que commencer vn Chant, & dans la ſuitte, doit auec attention obſeruer la Clef, par laquelle le Chant eſt conduit, de peur qu'il ne prenne le ♮ quarré, pour le b. mol, & le b. mol, pour le ♮ quarré.

III.

Que celuy qui chante au Chœur, s'eſtudie à conformer ſa voix, à celle des autres, & aux paroles, en ſorte qu'aux Chants lamentables, il ne chante pas comme il feroit aux Chants ioyeux.

IV.

Qu'il tienne vne égalité de meſure dans le Chant, n'allant pas tantoſt viſte, tantoſt lentement ; car c'eſt deſplaire à Dieu, qui a

fait

fait toutes chofes par poids, nombre, & mefure, de chanter fans regles, & fans mefure.

V.

Que le Chantre prenne garde auant que commencer vn
Chant, de quel Mode il eft ; fi c'eft vn Authentique, qu'il le commence bas ; fi ceft vn Plagal , qu'il l'entonne haut ; & fi c'eft vn
Neutre, vn Commun, ou vn Mixte, qu'il prenne vn Ton mediocre;
parce que l'Authentique a fon eftenduë en haut, le Plagal en bas,
& les autres tendent à l'vn, & à l'autre.

V I.

C'eft vn grand defaut de ne pas bien prononcer les paroles en
chantant. Qu'on fe donne de garde, de prononcer des voyelles, les
vnes pour les autres : quelques Nations ont leur defaut en ce
poinct. Il y en a qui changent l'*o* en *u*, difant *nufter* pour *nofter:*
d'autres l'*o* en *a* , & difent *aremus* pour *oremus* ; d'autres l'*u* en *o*,
difant *oremos* pour *oremus* ; les vns prononcent *ei* pour *i*, & difent
Mareia pour *Maria* ; les autres font vne diphthongue *iu* au lieu
d'vn *u* , difant *meium* pour *meum* ; d'autres prononcent *ae* pour *a*,
difant *aebs* pour *abs* ; les vns changent l'*i* en *e*, difant *Dius* pour *Deus*;
les autres prononcent *e* pour *a*, & difent *Meria* au lieu de *Maria*,
ou *ay* pour *a* , comme *Inuiolaytay* pour *Inuiolata* ; d'autres difent
teuis pour *tuis*, adioûtant à l'*u*, vn *e* fuperflus; & enfin, quelques-
vns adioûtent vne *m* entre deux voyelles de deux dictions, comme
confiliam & iufta funt opera, &c.

V I I.

Que celuy qui chante prenne garde de ne point efleuer fon
Chant tout d'vn coup en haut, foit en groffiffant fa voix, foit en la
pouffant extraordinairement ; cela reffemble pluftoft au mugle-
ment d'vn bœuf, ou au cris d'vn afne, qu'à la voix humaine, car ce
n'eft pas le bruit qui fait que Dieu nous prefte l'oreille, non plus
qu'vn grand mouuement de lévres, c'eft l'amour & l'ardant defir
du cœur; Moyfe *Exod.* 14. ne faifoit pas grand bruit, & pourtant
il entendit vne voix qui luy dit, *Quid clamas ad me ?*

V I I I.

Il eft abfolument neceffaire d'apporter vne difference dans le
Chant d'vne Fefte, à vne autre, & de faire le difcernement des
fimples, & des Feries, aux Feftes doubles, & des Feftes doubles, aux
grandes folemnitez.

I X.

IX.

Les mouuemens indecens du corps, & les tournoyemens & gri-
maces de bouche en chantant, denotent vn petit esprit, *Indecentis*
oris hiatus, atque indecentis corporis motus, Cantorem declaramus insa-
num, (dit Onitoparque.)

X.

Finalement que les Chantres Gregoriens s'estudient par dessus
toute chose, en chantant, de complaire à Dieu seulement, & non
aux hommes. *Inter omnes etenim homines* (dit Guy Aretin) *fatui sunt*
Cantores, quibus quærenda deuotio contemnitur, vitanda lasciuia quæ-
ritur, quoniam id quod canunt, ad homines, non ad Deum ordinant,
humanam illam gloriam quærunt, vt æternam amittant, hominibus
placere conantur, vt Deo displiceant. Aliis deuotionem qua ipsi carent
ingerunt. Creaturæ fauorem, laudemque & venantur, & ambiunt,
Creatoris autem contemnunt. Cui debetur honor, cui reuerentia, cui fa-
mulatus, cui vos nosque vobiscum deuouemus.

F I N.

Table des Matieres les plus remarquables, contenuës dans ce Directoire du Chant Gregorien.

Table des Matieres.

Table des Matieres.

Z 2

Table des Matieres.

P

Q

S

T

V

F I N.

1 # 10

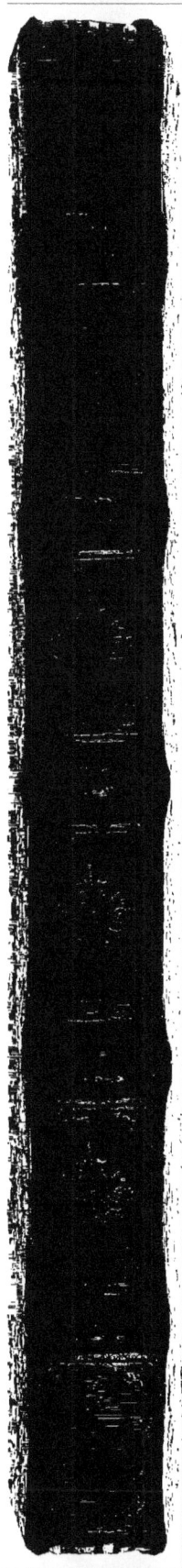